从政底线

苏　玉——主编

宋艳丽
刘　鹏——副主编

浙江人民出版社

图书在版编目（CIP）数据

从政底线 / 苏玉主编. —杭州 ：浙江人民出版社，2019.5

ISBN 978-7-213-09267-1

Ⅰ.①从… Ⅱ.①苏… Ⅲ.①中国共产党-党的纪律-学习参考资料 Ⅳ.①D262.6

中国版本图书馆CIP数据核字(2019)第078790号

从政底线

苏 玉 主编

出版发行：浙江人民出版社（杭州市体育场路347号 邮编 310006）

市场部电话：(0571)85061682 85176516

责任编辑：陶辰悦

责任校对：戴文英

封面设计：阳 光

电脑制版：阳 光

印 刷：三河市荣展印务有限公司

开 本：710毫米×1000毫米 1/16

印 张：15

字 数：178千字

版 次：2019年5月第1版

印 次：2019年5月第1次印刷

书 号：ISBN 978-7-213-09267-1

定 价：48.00元

前　言

从嘉兴南湖开启未来的红船，到党的十九大的胜利召开；从1929年确立思想建党、政治建军原则的古田会议，到2014年再次强调党指挥枪原则绝不能动摇的新古田会议；从“不干，半点马克思主义也没有”的求真务实，到“一带一路”倡议的实现……中国共产党在时间的洗礼中，向历史、人民和全世界证明了：只有坚定共产主义理想信念，坚守共产党员的初心和使命，才能在追求信仰的过程中无所畏惧、砥砺前行，凝聚起实现中华民族伟大复兴的磅礴力量。

如今，8900多万名党员组成的党组织，在继承革命先辈光荣传统的征途中，出现了小部分党员与党章背道而驰、与群众水火不相容的现象。人们不禁要问：走在新时代的长征路上，没了围追堵截、战火烽烟，少了枪林弹雨、生死考验，为什么有些党员的理想信念失去了本色，信仰的价值被消解？这是来自时代的叩问，也是现实的、发人深省的警示。究其原因，是理想信念缺失。理想信念动摇是最危险的动摇，理想信念滑坡是最危险的滑坡。2012年11月17日，习近平总书记在十八届中共中央政治局第一次集体学习时的讲话中强调：“坚定理想信念，坚守共产党人精神追求，始终是共产党人安身立命的根本。对马克思主义的信仰，对社会主义和共产主义的信念，是共产党人的政治灵魂，是共产党人经受住任何考验的精神支柱。形象地说，理想信念就是共产党人精神上的‘钙’，没有理想信念，理想信念不坚定，精神上就会‘缺钙’，就会得‘软骨病’。”2016年1月12日，习近平总书记在十八届中央纪委六次全会上的讲话中又指出：

“对共产党人来讲，动摇了信仰，背离了党性，丢掉了宗旨，就可能在‘围猎’中被人捕获。只有在立根固本上下功夫，才能防止歪风邪气近身附体。”这为新时代党员干部坚守为官从政底线，坚定理想信念，切实做到为民、务实、清廉指明了方向。

共产党人的从政底线是什么？首先就是“必须旗帜鲜明讲政治”。讲政治是共产党人的立身之本，也是马克思主义政党的突出特征和优势。党员干部必须时刻绷紧政治之弦、校准政治之标，时刻把讲政治摆在首位，严守政治纪律和政治规矩。越过了政治底线、践踏了党员干部的行为准则，就会滑入万丈深渊。

讲政治从来都是具体的，最终要体现在行动上、落实到工作中。纵观一些落马的大小官员，无不是因为心中无戒，把个人私利凌驾于党、国家和人民利益之上，无视党的政治纪律，拉团伙、谋权位，用腐化堕落污染政治生态，最终触犯纪法、锒铛入狱。还有少数党员干部干事摆样子，成为两面人，损害了党的形象。

“中国共产党党员是中国工人阶级的有共产主义觉悟的先锋战士”，肩负发挥先锋模范作用的重任。中国人民为了自由、民主、独立和统一奋斗了整整一个世纪，最终在中国共产党的领导下，取得了新民主主义革命的伟大胜利。今天，倘若党员干部丧失理想信念、触碰从政底线，就会握不住历史的接力棒，让革命的成果付诸东流。

“政者，正也。子帅以正，孰敢不正。”党员干部当做好“以身示范者”。党员干部是全局工作的“领头雁”，是具体工作的“设计师”，更是上行下效的人民“勤务员”，必须担负起严守政治纪律和政治规矩的主体责任。要把严守党的政治纪律作为一条不可逾越的红线，弘扬新风正气，凝聚奋发向上的社会正能量。严明党的纪律，首要的就是严明政治纪律，准确把握严守党的政治纪律和政治规矩的内涵。始终管好法律“戒尺”，做到心中有戒“不妄为”。对“红线”，要有敬畏之心、戒惧之心，绝不能踩踏，清楚地知道“什么可为什么不可为”。要依法用权、公正用权，更要敬权、畏权、慎权。严于律己，要守住政治底线，守住党和人民交给自己的政治责任，守住自己的政治生命线，守住正确的人生价值。在生活上建立高尚的情操，不沉溺于低级趣味。努力做到理论上清醒，政治上坚定，作风上清正。面对大是大非敢于亮剑，面对矛盾迎难而上，面对失误敢于担责，勇挑重担、敢涉险滩，用实际行动诠释新时代的忠诚担当。通过以身示范，严于律己，以上率下，营造良好的政治生态。

党员干部能否廉洁自律，最大的诱惑是自己，最难战胜的敌人也是自己。坚守从政底线，要摆正心态、心存敬畏，在各种诱惑面前耐得住寂寞、稳得住心神，严守党纪国法，牢记规章制度，时时处处严格约束自己。要有健康的生活情趣，远离一切腐朽低级的东西，管住小事、守住小节、谨防小错，主动接受组织、制度的监督，不断加强自律。要常扫“思想灰尘”，常祛“心灵阴霾”，常敲“律己警钟”，常做“廉政体检”，特别要防止给自己的不干净找理由，彻底肃清“不为人知、小节无碍、下不为例”等思想误区，驰而不息加强作风建设，用最坚决的态度减少腐败存量，用最果断的措施遏制腐败增量，保持一个健康的“体魄”，干干净净做人、踏踏实实做事、清清白白为官。

当前，我们党正持续努力为“两个一百年”奋斗目标开拓进取。这需要最广大人民群众的支持。广大党员干部应以坚韧不拔的毅力，攻坚克难；以坚定不移的理想信念，克己为公；以高瞻远瞩的眼界，真抓实干，切实把自身发展同社会发展、国家富强紧紧联系起来。每名党员要对党忠诚、信任组织、勇于担当，带领人民群众“不忘初心、继续前进”，营造出一个河清海晏、官清民安的政治氛围，为实现“两个一百年”奋斗目标、实现中华民族伟大复兴的中国梦不懈努力！

目录

一、不能乱评乱议、口无遮拦

我们党一贯要求党员在党内会议上讨论问题可以自由发表自己的见解和意见，但在公开场合和私下里谈话必须遵守党的政治纪律和规矩。然而，当前，在一些干部中，乱评乱议、口无遮拦现象比较突出。这是不守纪律、不讲规矩的表现。党员干部必须牢记讲话有责、评论负责、建言尽责，始终要以不违反纪律、不触犯法律为前提，站在理性、客观、公正的旗帜之下。

（一）乱评乱议极具腐蚀性、涣散性

时下，乱评乱议在一些党员干部中俨然发展为一种风气，还被冠以“言论自由”的名号。对此，习近平总书记明确指出：“虽然这只是不负责任地传播消息、发表议论，也不是在正式场合说的，但其腐蚀性、涣散性也是非常严重的。”①

第一，“不乱评乱议”既是人格修养，也是一种美德。

《礼记·缁衣》有云：“君子道人以言，而禁人以行。故言必虑其所终，而行必稽其所敝，则民谨于言而慎于行。”意思是：有修养、有道德的人总会用言行引导人们行善，用言行禁止人们作恶，所以讲话一定要考虑它的后果，做事一定要考虑它会带来什么弊端，这样一来，大家就都会说话谨慎、做事小心了。《论语·为政》有云：“多闻阙疑，慎言其余，则寡尤；多见阙殆，慎行其余，则寡悔。”讲的也是谨言慎行的道理。

我们经常能在网上看到曝光一些领导干部“雷言雷语”的视频，例如“你是准备替党说话，还是准备替老百姓说话”“国家规定是狗屁”“我说谁是腐败就谁是腐败”“谁要工资谁滚蛋”等。这些“雷语”多出自基层干部之口。他们中的不少人文化素质不高，服务意识和法治意识严重缺失，且自认为“天高皇帝远”，没人管得着，于是口无遮拦。作为党员干部，要懂法学法，认真学习、领会政治纪律与政治规矩，同样应当提高自身的人文素养和综合素质。如此才能明白哪些

①《习近平谈治国理政》第二卷，外文出版社 2017 年版，第 153 页。

话该说、哪些话不该说。否则，全党的形象都会因这样的人而被抹黑。

第二，“不乱评乱议”本就是从政者所应具备的基本素质。

贺若弼是隋朝的开国名将，在灭陈统一南北的战争中立有赫赫战功。可是在战争胜利之后，他却与人争功，毫不谦让，自满情绪不断滋长。后来，当贺若弼看到高颎和杨素升上了高位而且地位在自己之上后，气不打一处来，愤愤不平地说：“这两个人只会吃饭，什么也不会干。”隋文帝把他召去，瞪着眼睛质问他：“我重用高颎、杨素，你却多次在众人面前大放厥词，说他俩是废物，你这是什么意思？”最终，隋文帝念及贺若弼的功劳，没有将他处死，但对他的为人很不满意，认为不能委以重任，于是逐渐疏远了他。这个故事说的是“口无遮拦”的教训。

历史上“不言温树”的典故，也是官员谨言慎行的最好例证。孔光是西汉人，他为人谨慎，行事恪守法度。汉成帝时，孔光曾任尚书令，掌管枢机十多年。据《汉书·孔光传》记载：“（孔光）沐日归休，兄弟妻子燕语，终不及朝省政事。或问光：‘温室省中树皆何木也？’光嘿不应，更答以他语，其不泄如是。”也就是说，孔光每次休假回家时，与兄弟妻子谈笑甚欢，但从不提及朝廷政事。哪怕有人问他：“长乐宫温室殿中，种的都是些什么树？”孔光也并不回答，转而说起其他事，岔开话头。当代党员干部都应以“不言温树”自我砥砺。[①]

第三，“不乱评乱议”是共产党员党性修养的基本要求。

马克思主义政党认为，为了维护党的团结和提高战斗力，必须严格遵守和执行党的纪律，必须保持行动上的一致。然而，为了有效保证党的凝聚力和战斗力，仅有党的纪律是不够的，还需要实行党内民

① 参见马军：《“不言温树”讲规矩》，载《中国纪检监察报》2018年6月19日。

主，使党员在自由批评与自由讨论的基础上实现思想上的统一。党员具有自由批评和自由讨论的权利，但这种自由并不是毫无限度的，必须受到党的纪律的约束。在现实中，“民主泛化”的论调不仅时有上升之势，而且有部分党员将“纯粹民主”或“一般民主”的概念在党内无限夸大，甚至走向极端。“民主泛化”在党内的主要表现是：一些党员毫无顾忌地发表意见，美其名曰行使民主权利；一些党员在党内搞人身依附关系，拉山头、建帮派，美其名曰发扬民主；一些党员推崇西方民主制度，美其名曰追求民主。这些口无遮拦地乱评乱议、大放厥词的现象，轻则影响一个地方党员干部的整体形象，重则会损害党组织的凝聚力，影响广大人民群众对党的事业和党的领导的信心。

习近平总书记指出：“有的人热衷于打探消息，四处寻问，八方打听，不该问的偏要问，不该知道的特想知道，捉到一些所谓内幕消息就到处私下传播。对中央查处的一些大案要案，有的高级干部就在背后说查人家干什么，做了那么多工作，就这一点小事就要抓住不放，显得忿忿不平的。情况是这样吗？看看那些人写的忏悔录，哪个人是冤枉的？”[①] 习近平总书记所指出的这些不当言论又会引发“反腐一阵风论”“反腐工具论”“政治斗争论”等错误论调，就会对一些党员干部产生“离心效应”，削弱党组织的战斗力。不管是“阳奉阴违、有令不行”的假话，还是“违反原则、随意妄言”的胡话，抑或是“当面一套、背后一套”的浑话，都会使一些党员迷失正确的政治方向，丧失工作的热情和斗志。[②]

有些党员认为，小范围的“私下说说”不会有什么危害和影响。然而，随着微信、微博等自媒体平台的发展，党员干部漫不经心的“私

①《习近平谈治国理政》第二卷，外文出版社2017年版，第152—153页。

② 参见陈正祥：《乱评乱议极具腐蚀性涣散性》，载《中国纪检监察》2015年第8期。

下说说”有可能会流出并迅速传播，造成不良影响。2015 年网上流出的知名电视节目主持人毕某某在与人吃饭时戏谑党和国家领导人的“违规视频”，便是前车之鉴。因此，官德如风，党员干部乱评乱议等不守纪律、不讲规矩的行为一旦形成风气，就会产生负面作用，恶化政治环境，影响党风政风，进而腐蚀社风民风，“极具腐蚀性、涣散性”，而一旦恶的东西占据主导地位，就会扭曲人的灵魂，败坏人的德行，进而危害党的执政地位。

（二）党员“妄议党中央大政方针”违反党的政治纪律

我国宪法明确规定公民有言论自由，我们党也主张百花齐放、百家争鸣。但是，言论自由、百家争鸣并不是没有任何约束的。公民的言论自由必须以遵守法律为前提。对党员干部来说，言论自由既要遵守党纪，也要遵守国法。“妄议党中央”是党员不可触碰的底线。

第一，党的政治纪律和组织纪律要求党员干部不允许“妄议党中央”。

列宁把坚决维护党的纪律作为无产阶级政党的重要建党原则，反复强调严明党的纪律对于共产党及其领导的事业的极端重要性。我们党是靠革命理想和铁的纪律组织起来的马克思主义政党，纪律严明是党的光荣传统和独特优势。从接受、宣传马克思主义到党的建立，南昌起义、秋收起义、井冈山斗争到五次反“围剿”、二万五千里长征，从抗日战争、解放战争到建立社会主义制度、改革开放，90 多年披荆斩棘，中国共产党由小到大，历经挫折与胜利、苦难与辉煌，成为任何敌人和困难都压不倒、摧不垮的时代先锋。可以说，在革命、建设和改革各个时期，正是由于各级党组织和一批批共产党人对党的纪律的无限忠诚，我们党才能领导全国各族人民走出一条实现国家富强、民族振兴、人民幸福的正确道路——中国特色社会主义道路，这是推动中华民族伟大复兴的政治保证。

当前，我们党是一个有着8900多万名党员的大党，而我们的国家又是一个幅员辽阔、人口众多的发展中大国，我们党要团结带领人民全面建成小康社会，实现中华民族的伟大复兴，必须要靠铁的纪律来保证。我们的纪律并非让党员干部装“哑巴”，通过正常渠道和程序对党的工作提出意见建议，是党员的权利。然而，一些党员纪律意识不强，调侃、传播小道消息，东家长西家短乱发议论，热衷于转发网络不良信息，甚至一些所谓“铁杆朋友”聚在一起妄议党中央大政方针的行为时有发生。

判断是不是妄议党中央，关键在“妄”，看发表的是不是“妄言妄语”，针对的是不是“大政方针”。“妄议党中央”，不是茶余饭后、无足轻重的家长里短式的闲谈，指的是党员对于党和国家的大政方针，不是实事求是的“真议”“善议”，而是没有根据、胡编乱造、以偏概全、包藏祸心的“假议”“恶议”“乱议”。节日期间，有的党员干部在与亲朋好友吃饭聚会时，待酒过三巡、菜过五味，便把不住“话匣子”，私下传播道听途说的“内幕消息”，对党和国家领导人说三道四，妄议党中央大政方针。任某某甚至以发表哗众取宠的微博言论博得了“中国少有的说真话的人”的名号。但他生造出的“党政府”的概念，制造出的一套党民对立理论，就是从根本上无视我们党党性和人民性的统一，对中国政体进行根本的任意解构。这绝不仅仅是哗众取宠，而是用心险恶。这些行为不仅破坏了党的组织制度，并且可能带来恶劣的社会影响，长此以往对此置之不理，必然会对我们党的事业造成极大的危害。如果不严明党的纪律，党的凝聚力和战斗力就会大大削弱，党的执政能力和领导水平就会大大削弱。习近平总书记在十八届中央纪委五次全会上专门将这种乱评乱议、口无遮拦的现象归为不遵守政治纪律和政治规矩的行为之一。《中国共产党纪律处分条例》第四十六条对此作出处分规定，轻则警告处分，重则开除党籍。

第二，党的团结统一要求党员干部不允许“妄议党中央”。

“妄议党中央”会造成思想混乱和组织混乱，损害党的凝聚力、向心力、战斗力，导致政党分崩离析。现代政党都是有政治纪律要求的，没有政治上的规矩不能称其为政党。没有政治规矩，政党就会成为一盘散沙，就不能凝聚全党力量，实现党的政治目标。习近平总书记明确指出：“就是西方国家，主要政党在政治方面也是有严格约束的，政党的重要成员必须拥护本党的政治主张、政策主张，包括本党的意识形态……对那些在政治上行动上与本党离心离德的党员，西方国家政党也是要执行纪律的，甚至给予开除处分。一个政党，不严明政治纪律，就会分崩离析。”[①]

苏联的沉痛教训告诉我们，无原则的党内民主、言论自由只能使党陷于一片混乱之中，最终亡党亡国。苏联解体前，在所谓“公开性”“民主化”的口号下，苏共放弃了民主集中制原则，允许党员公开发表与党组织决议不同的意见，实行所谓各级党组织自治原则，一些苏共党员甚至领导成员成了否定苏共历史、否定社会主义的急先锋，成了传播西方意识形态的大喇叭，甚至成了西方势力的代表，苏共党内从思想混乱演变到组织混乱。苏共这样一个大党为什么在执政70多年后会丧失政权，很重要的一个原因是政治纪律被动摇了。正是由于苏共对“妄议党中央”的行为置之不理，使党的政治纪律严重动摇，由此导致思想混乱、组织混乱，内部争权夺利，派系林立，丧失了凝聚力、向心力、战斗力，以致广大普通党员和社会群众对党和国家的前途命运漠不关心，即使拥有2000万名党员也不能阻止亡党亡国的

①《十八大以来重要文献选编》(上)，中央文献出版社2014年版，第133页。

命运。

前事不忘，后事之师。当前，中国共产党面临的执政考验、改革开放考验、市场经济考验、外部环境考验是长期的、复杂的、严峻的，党肩负的中华民族伟大复兴的任务是艰巨的，因此更需要加强纪律建设，维护党的团结统一，确保全党统一意志、统一行动、步调一致前进。习近平总书记特别重视党的纪律对于维护党的团结和增强党的战斗力的重要意义，他强调指出："党面临的形势越复杂、肩负的任务越艰巨，就越要加强纪律建设，越要维护党的团结统一，确保全党统一意志、统一行动、步调一致前进。"①

第三，党中央大政方针的贯彻落实要求党员干部不允许"妄议党中央"。

思想是行动的先导。"妄议党中央"，就会引起行动上抵制、对抗甚至分裂党中央，就不能保证党中央政令的畅通，做到令行禁止，就会在贯彻执行党中央决策部署上打折扣、作选择、搞变通，搞"上有政策、下有对策"那一套，搞地方和部门保护主义、本位主义。事实证明，党中央的重大方针之所以在一些地方三令五申仍然难以施行，甚至出现重大问题，就在于这些地方的领导干部没有大局意识，没有纪律观念，搞本位主义、宗派主义，搞独立王国。

新形势下，落实党要管党，全面从严治党的任务比以往任何时候都更为繁重、更为紧迫。早在 2013 年 1 月 22 日，习近平总书记就在十八届中央纪委二次全会上明确指出："有少数党员干部政治纪律意识不强，在原则问题和大是大非面前立场摇摆，有的对涉及党的理论和路线方针政策等重大政治问题公开发表反对意见；有的地方和部门对维护党的政治纪律重视不够，个别的甚至对中央方针政策和重大决

①《习近平谈治国理政》，外文出版社 2014 年版，第 386 页。

策部署阳奉阴违。有的党员干部想说什么说什么，想干什么干什么。有的还专门挑那些党已经明确规定的政治原则来说事，口无遮拦，毫无顾忌，以显示自己所谓的‘能耐’，受到敌对势力追捧，对此他们不以为耻、反以为荣。这些问题在党内和社会上造成恶劣影响，给党的事业造成严重损害。党内决不允许有不受党纪国法约束、甚至凌驾于党章和党组织之上的特殊党员。”①2018 年新修订的《中国共产党纪律处分条例》把“妄议党中央大政方针，破坏党的集中统一的”规定为违纪行为，目的是树立党员干部的大局意识、忠诚意识、党员意识、纪律意识，切实维护党章的权威。这既体现了我们党狠抓政治纪律的决心，也体现了我们党对思想建设的高度重视。全党同志必须深刻认识“妄议党中央”的危害，坚决抵制这种违纪行为，严守党的政治纪律和政治规矩，坚决维护党中央权威和集中统一领导，在思想上政治上行动上同党中央保持高度一致。

（三）造谣生事违反党纪国法

习近平总书记在指导河北省委常委班子群众路线教育实践活动专题民主生活会时说:“作为共产党人，有话要放到桌面上来讲。”②要求大家开展批评和自我批评，要打开窗户说亮话，不能藏着掖着、私下议论、背后放炮、造谣生事。

现实的互联网环境，促进了媒体融合，传播方式立体化，传播速度呈“病毒式”，大量信息被推送到众人面前，其中就包括一些不实内容甚至是谣言。谣言制造者心怀叵测，到处煽风点火，散布流言，扰乱社会秩序，制造思想混乱，破坏社会和谐。一些不明真相者利用

---

①《十八大以来重要文献选编》(上)，中央文献出版社 2014 年版，第 133 页。

②《习近平总书记系列讲话精神学习读本》，中共中央党校出版社 2013 年版，第 179 页。

“三微一端”的便捷方式，无意间成为谣言的传播者。碰到有些党员干部政治敏锐性不够、党性不强、个人素养有限，对于道听途说不假思索，人云亦云，甚至捕风捉影、添油加醋，言行中丑化了党和国家形象，这种危害性更大，破坏力也更强。

作为一名合格的党员干部，要加强党性修养，坚定政治信念，时刻保持清醒的头脑，坚守党的纪律，要增强甄别谣言、自觉抵制谣言的能力，自觉不信谣、不传谣。更重要的是，要发扬共产党人实事求是、勇于担当的精神，坚决抵制社会上各种谣言，适时终止谣言传播，做谣言的粉碎机和终结者，坚决维护民族团结和社会稳定。对于党员干部队伍中的造谣、传谣者，纪检监察部门要大力揭穿其丑恶面目，严厉查处和惩治，以儆效尤。

党政军民学，东西南北中，党是领导一切的，媒体必须坚持党的领导。党报党刊党台党网理所当然要姓党，其他媒体也必须坚持党的领导，这没有什么讨价还价的余地。宣传舆论工作必须讲政治守纪律。从舆论生态看，互联网正在媒体领域催发一场深刻变革，移动应用、社交媒体已成为主要信息入口，聚合类平台、自媒体公众号迅速生长，无人不网、无处不网正在变成现实，构成了越来越复杂的大舆论场。面对这样的态势，只有以讲政治、守纪律这根“红线”作保证，才能在宣传舆论工作中体现党的意志、反映党的主张，维护以习近平同志为核心的党中央权威和集中统一领导，才能更好地发挥宣传思想工作统一思想、凝聚人心的重要作用，引导党员干部坚定理想信念、增强发展信心。宣传舆论战线必须守住底线、不越红线、筑牢防线，坚决防止不执行党纪党规、法律法规和宣传纪律的情况在宣传舆论战线上出现，坚决防止妄议党中央的事情在宣传舆论战线上发生。在事关党和国家发展大局和形象的重大事件中，新闻媒体要不当“绅士”当战士，在大是大非和原则问题上敢于亮剑，对恶意攻击、造谣生事等行为敢于回击，在社会关注的热点事件上敢于发声、勇于发声、勤于发声、善于发声，努力抢占时机、道义、表达三个方面的制高点，及时发出正面声音。对新闻队伍中违反政治纪律、组织纪律的人和事绝不姑息。

【延伸阅读】

牢牢抓住党的思想建设这个基础性建设

抓好坚定理想信念这个思想建设的首要任务。理想信念就是共产党人精神上的“钙”，但崇高的理想信念不是自发产生的，更不会自动保持和巩固。理想信念只有建立在对科学理论的理性认同上，建立在对历史规律的正确认识上，建立在对基本国情的准确把握上，才能历久而弥坚。要教育引导全党牢固树立辩证唯物主义和历史唯物主义观点，真正解决好世界观、人生观、价值观这个“总开关”问题，始终坚持姓“马”姓“共”，坚持四项基本原则，坚定“四个自信”。各级党员领导干部要带头做共产主义远大理想和中国特色社会主义共同理想的坚定信仰者和忠实实践者，以看得见的行动展现理想信念的强大力量。

系统掌握马克思主义这个看家本领。马克思主义是共产党人的“真经”，是我们党的指导思想、“共同语言”。要教育引导全党加强对马克思列宁主义、毛泽东思想、中国特色社会主义理论体系的学习，多读原著、勤学原文、深悟原理，在研读马克思主义经典著作中筑牢信仰之基、补足精神之钙、把稳思想之舵，不断提高政治认识、思想觉悟和理论水平。特别是要把学习贯彻习近平新时代中国特色社会主义思想这一具有时代性、富有原创性的当代中国马克思主义、21世纪马克思主义作为理论武装的重中之重，引导党员、干部努力学懂弄通做实，深刻领会这一思想的历史地位、科学体系、精神实质、丰富内涵和实践要求，全面增强思想认同、政治认同、行动认同、情感认同，把这一思想作为主心骨、定盘星、度量衡，以此来开阔视野、加强修养、增强定力、提高能力。

抓好党性教育这门“心学”。党性是党员干部立身、立业、立言、立德的基石，但党性不可能随着党龄的增加而自然增强，也不可能随着职务的升迁而自然增强。要教育引导全党同志学习党的历史，深刻认识党的两个历史问题决议总结的经验教训，弘扬党的优良传统和作风，牢固树立正确的世界观、权力观、事业观，始终牢记自己的第一身份是共产党员，第一职责是为党工作，进一步树牢“四个意识”，做到“四个服从”，坚定“两个维护”，始终在思想上政治上行动上同党中央保持高度一致，对党忠诚、为党分忧，竭尽全力完成党交给的职责和任务。全党同志要强化组织意识，时刻想到自己是党的人，是组织的一员，相信组织、依靠组织、服从组织，自觉接受组织安排和纪律约束，自觉维护党的团结统一，忠诚于核心、拥戴核心、维护核心、捍卫核心。

抓好道德建设这个基础。习近平总书记深刻指出，“法安天下，德润人心”。实践使我们越来越认识到，治国理政必须坚持依法治国和以德治国相结合；管党治党必须坚持依规治党与以德治党相结合，既要治标，注重规范惩戒，守住党的纪律规矩底线，又要治本，补钙壮骨、涵养文化，引导人向善向上，向高标准看齐，发挥理想信念的引领作用和道德情操的教化作用。要发展积极健康的党内政治文化，弘扬中华民族优秀传统文化和美德，弘扬忠诚老实、公道正派、实事求是、清正廉洁等价值观，全面加强正面典型教育、反面警示教育，引导党员、干部努力带头践行社会主义核心价值观，注重落细落小落实，堂堂正正做人、老老实实干事、清清白白为官，以实际行动彰显共产党人的人格力量。各级领导干部要带头讲政德、修政德、立政德，明大德、守公德、严私德，重品行、正操守、养心性，躬身践行“三严三实”，注重家庭家教家风，做到以信念、人格、实干立身。

（摘编自《中国纪检监察报》2018年11月1日，作者：谭慧艳、彦德）

二、谁都不能拿政治纪律和政治规矩当儿戏

严格的纪律性是我们党的政治优势和光荣传统，也是保持党的创造力、凝聚力和战斗力的重要保障。政治纪律是党最重要、最根本的纪律，是任何一个党员都不能触碰的“带电的高压线”。党的十八届六中全会把严明党的政治纪律摆在突出位置，作为全党统一意志、统一行动、步调一致的重要保障，推动管党治党不断从“宽松软”走向“严紧硬”，这是新时代凝聚全党力量共同完成伟大历史使命的必然要求。

(一)政治纪律在党的纪律中居首要、核心地位

党的纪律是多方面的，包括政治纪律、组织纪律、廉洁纪律、群众纪律、工作纪律、生活纪律。“在所有党的纪律和规矩中，第一位的是政治纪律和政治规矩。”① 习近平总书记在十八届中央纪委五次全会上，强调了严守政治纪律和政治规矩的重要性。政治纪律和政治规矩，是党在政治立场、政治方向、政治言论、政治行为方面的刚性约束，是最重要、最根本、最关键的纪律，是党生存和发展的生命线。

第一，严明政治纪律和政治规矩是现代政党的普遍性要求。

人不以规矩则废，党不以规矩则乱。从世界各国政党的兴衰成败历史来看，严明政治纪律和政治规矩极端重要。一个现代政党如果没有起码的政治纪律作保障，就会成为一盘散沙甚至陷入分崩离析的境地。因此，一些政党历经风云变幻而保持旺盛的生命力，一个共同的特点就是靠严明的纪律来集聚力量、维持生机。如果党员触犯了政治纪律，就要受到严肃惩处。墨西哥革命制度党从 1929 年到 2000 年连续执政长达 71 年之久，很重要的因素就是有一套严密的组织架构和纪律规定。其首要的纪律，就是要求党的各级机关、职能部门、下属组织以及全体党员必须服从党中央集中领导，特别是在选举中要服从党的统一领导，以确保革命制度党的成员当选。正是由于强大的组织动员力和严密的纪律性，革命制度党把自己打造成一个维护民族利益、促进社会公正的政党，受到墨西哥大多数人的认可与欢迎，创造

①《习近平谈治国理政》第二卷，外文出版社 2017 年版，第 155 页。

了数十年的政治奇迹。李光耀创建的新加坡人民行动党执政已经超过50年，它的组织结构科学高效，中央领导有力，保证了全党意志的统一。这是新加坡人民行动党赢得稳固执政根基的重要保障。从反面教训看，政治纪律的涣散、政治规矩的缺失，是一个政党衰败垮台的重要原因。苏共亡党亡国的根本原因，就在于苏共党内混乱的意识形态局面、严重的派系斗争情况、软弱涣散的组织纪律和政治纪律。在1990年的苏共二十八大上，居然同时出现了三个中央纲领同台竞争。正如习近平总书记指出的：谁都可以言所欲言、为所欲为，那还叫什么政党呢？那是乌合之众了。可见，政治纪律与政治规矩是政党生存发展的生命线，政治纪律与政治规矩废弛，必然导致政党衰亡。

第二，严明政治纪律和政治规矩是马克思主义政党建设的基本要求。

不同类型政党的组织状况有所差别，一般来说，共产党的纲领章程最为明确，组织体系最为健全，组织机构最为严密，纪律要求最为严格。对中国共产党党员来讲，入党是建立在认同党的纲领、服从党的决议、遵守党的纪律、执行党的决议等体现实质内容的政党认同的自觉自愿行为。按照权责一致的原则，政党成员在享有党员权利的同时，必须遵守党的纪律，接受党规党纪的刚性约束，尽到党员的责任。从无产阶级革命导师和党的领袖重要论述来看，政治纪律和政治规矩是马克思主义政党的首要纪律。是否具有严明的政治纪律和政治规矩是决定党能否成为一个集中统一的马克思主义政党的首要条件，决定政党的兴衰，决定政党事业的成败。1859年5月18日，马克思在《致恩格斯的信》中明确指出："我们现在必须绝对保持党的纪律，否则将一事无成。"[①]1886年10月23日，恩格斯在《致劳拉·拉法格》的

①《马克思恩格斯全集》第二十九卷，人民出版社1972年版，第413页。

信中指出，“在这种斗争中，胜利的首要条件是严格遵守法律”，“这种纪律是一个有成效的和坚强的组织的首要条件，是资产阶级最害怕的”。[①] 列宁也指出：“要使无产阶级能够正确地、有效地、胜利地发挥自己的组织作用（而这正是它的主要作用），无产阶级政党的内部就必须实行极严格的集中和极严格的纪律。”[②] 我们党作为马克思主义政党，讲政治是突出的特点和优势。没有强有力的政治保证，党的团结统一就是一句空话。我们党早在1921年成立之初就明确了严肃的政治纪律和政治规矩。现在，我们党已经发展成为拥有8900多万名党员、领导近14亿人民的世界第一大党，没有严明的政治纪律和政治规矩，党将成为一盘散沙。党员干部必须充分认识严明政治纪律和政治规矩的极端重要性。

第三，严明政治纪律和政治规矩是我们党的优良传统和独特优势。

党的政治纪律就是党依据不同时期的政治任务，要求各级党组织和全体党员干部在政治活动和政治行为中必须遵守的行为准则，是全党在政治立场、政治方向、政治言论、政治行动方面必须遵守的刚性约束。严明党的政治纪律，最核心的是要坚决维护党中央权威和集中统一领导，坚决贯彻执行党中央的路线方针政策和重大决策部署。

历史雄辩地证明，党的发展壮大一刻也离不开严明的政治纪律和政治规矩。什么时候政治纪律严明、规矩戒尺高悬，党的凝聚力和战斗力就强；什么时候政治纪律松弛、规矩戒尺放下，党就变得松松垮垮，甚至蜕化变质。在严明政治纪律和政治规矩方面，党的历史上有几个关键节点。1941年5月至1945年4月，我们党在延安和各抗日根据地开展了整风运动，纠正党内各种非无产阶级思想，这在党的

①《马克思恩格斯全集》第三十六卷，人民出版社1975年版，第540页。

②《列宁全集》第三十九卷，人民出版社1986年版，第24页。

建设史上是一个伟大创举。通过整风运动，全党在思想上得到改造提高，达到了空前团结，为抗日战争的胜利提供了有力的思想政治保障。国民党党纪废弛、腐败盛行、乱象丛生，山头众多、派系林立，勾心斗角、互相倾轧，与中国共产党的高度团结统一形成鲜明对比，严重削弱了力量，最后导致土崩瓦解、一败涂地。中国共产党和人民军队之所以用“小米加步枪”打败拥有“飞机加大炮”美式武装的国民党军队，最重要的原因是中国共产党和人民解放军高度团结、高度统一、纪律严明。新中国成立后，我们党的历史上也有过一些深刻教训。“文化大革命”时期，林彪、“四人帮”等搞团团伙伙，结党营私，不少地方和部门则大闹派性，各行其是，成为搞乱当时党内政治生活的罪魁祸首。“文化大革命”后，党中央高度重视政治纪律建设。大力进行了拨乱反正。邓小平同志指出，各级党组织和各级纪律检查委员会必须执行严格的纪律处分，这是党最高利益所在，也是全国人民最高利益所在。江泽民同志强调，我们讲加强政治纪律，最基本的就是要遵守党章，按照党章的规定去做。对党章的各项规定，所有党员都要遵守，高级干部更应该带头遵守。胡锦涛同志强调，如果没有铁的纪律，党就会成为一盘散沙，就无法团结带领广大人民群众去完成伟大的历史任务。近几年，党内出现了周永康、薄熙来、郭伯雄、徐才厚、孙政才、令计划、苏荣等高级领导干部，政治上野心膨胀，大搞政治阴谋活动，严重破坏了党的政治纪律和政治规矩，给我们党的形象和威信造成了巨大损害。党的十八大以来，以习近平同志为核心的党中央面向新的伟大时代，面向具有许多新的历史特点的伟大斗争，多次强调政治纪律和政治规矩问题，坚决依法依纪处理并清除其政治影响，这是严明政治纪律和政治规矩的实际行动，有力地维护了党中央权威和党的团结统一。

（二）政治上出问题甚至比腐败问题的危害更严重

纪律严明是马克思主义政党的基本特性和宝贵品质，也是我们党的光荣传统和独特优势。习近平总书记在党的十八届四中全会第二次全体会议上明确指出，政治纪律和政治规矩这根弦不能松，腐败问题是腐败问题，政治问题是政治问题，不能只讲腐败问题、不讲政治问题。干部在政治上出问题，对党的危害不亚于腐败问题，有的甚至比腐败问题更严重。

第一，政治问题和腐败问题往往相互交织、相伴而生。

一般来说，任何其他问题的衍生都离不开政治问题。2008 年金融危机以来，西方世界深陷政治困境。金融危机爆发后不久，美国经济学家、诺贝尔经济学奖获得者克鲁格曼就详细考察了美国从 19 世纪末到 20 世纪初的政治经济关系，进而得出一个结论：无论历史事实还是理论研究都清楚地说明一点，即经济上出了问题往往是因政治上出了问题，而社会出了问题则是它们的综合后遗症。2013 年 5 月，普林斯顿大学三位政治学教授合写了《政治泡沫——金融危机与美国民主制度的挫折》一书，指出每个经济危机背后都有相对的政治泡沫，政治泡沫就是僵化的意识形态、迟钝低效的政府机构和特殊利益集团导致的信仰、制度、利益偏见，政治泡沫的形成会不断增加市场的风险，从而导致经济危机。

同理，腐败问题也不是孤立的，它与政治问题有着密切的联系。一方面政治问题以腐败问题为基础，另一方面如果有了腐败问题，势必衍生出政治问题。比如，搞拉帮结派、收买人心这些事，没有物质手段能做到吗？做不到，那就要去搞歪门邪道捞钱。反过来，如果有腐败行为，那就会想着如何给自己找一条安全通道，找“保护伞”，就会去搞团团伙伙、拉帮结派。比如周永康、薄熙来、郭伯雄、徐才厚、令计划等严重违纪违法案件，暴露出他们不仅在经济上而且在政治上也存在严重问题。他们的行为严重侵蚀党的思想道德基础，严重破坏党的团结和集中统一，严重损害党内政治生态和党的形象，严重影响党和人民事业发展。

第二，干部在政治上出问题，对党的危害不亚于腐败问题，有的甚至比腐败问题更严重。

政治问题是关系党和国家政治安全的大问题。大量事实表明，如果在政治纪律方面放松警惕、降低要求是十分危险的。从目前来看，绝大多数党组织和党员干部都是政治上的明白人，但是，也有少数党员干部政治意识不强，有的干部在原则问题和大是大非面前立场摇摆，有的对涉及党的理论和路线方针政策等重大政治问题公开发表反对意见，搞任人唯亲、排斥异己的有之，搞团团伙伙、拉帮结派的有之。此外，党带领人民在坚持社会主义基本制度的基础上发展市场经济，然而，资本追求剩余价值的逻辑必然促使它寻求权力的庇护或直接获取权力，一旦“资本权力化”或“权力资本化”，不仅会侵蚀和腐化权力，还会动摇党执政的基础，甚至引发社会制度的根本变化。这使得党面临着严峻的市场经济考验，容易在市场和资本的包围中迷失方向。习近平总书记指出：“在发展社会主义市场经济条件下，商品交换原则必然会渗透到党内生活中来，这是不以人的意志为转移的。社会上各种各样的诱惑缠绕着党员、干部，‘温水煮青蛙’现象就会产生，一些人不知不觉就被人家请君入瓮了。”[①] 这些突出问题迫切要求我们党要对资本进行规范和引导，从而保证新时代中国特色社会主义沿着正确的方向发展。

---

①《十八大以来重要文献选编》(中)，中央文献出版社 2016 年版，第 99 页。

第三，只有旗帜鲜明讲政治，才能不迷航、不偏向。

在一段时间里，有人认为政治不那么重要了，重要的是把经济搞上去，把政治和经济对立起来；有人认为抓经济实实在在，讲政治虚无缥缈，张口闭口我是搞业务的，好像抓业务就地位超脱、高人一等，甚至羞于讲政治、耻于讲政治；有人信仰迷茫、精神迷失，不信马列信鬼神，热衷于算命看相、求神拜佛，信奉金钱至上、名利至上、享乐至上；有人明知身边有的干部有问题却不报告、不抵制、不斗争，甚至随风倒、跟着跑，丧失政治原则；有人长期把自己当成“官”，漠视民主集中制这一党内政治生活根本原则，把政治当儿戏，脑子里缺乏政治纪律、政治规矩、政治原则的概念，随心所欲，想怎么办就怎么办，想怎么玩就怎么玩；有的党组织政治功能弱化，自由主义、分散主义、好人主义不同程度滋生蔓延。党内存在的突出问题从政治上暴露得越来越充分，以致一度出现“七个有之”等乱象，严重危害党的执政地位和政治安全。

在这种情况下，旗帜鲜明讲政治就成为推进全面从严治党必须解决的一个急迫而重要的问题，成为推进新的伟大工程的现实选择和必然要求。这也是党的十九大提出“把党的政治建设摆在首位”的一个重要缘由，为巩固发展反腐败斗争压倒性胜利提供了一种思路。在反腐败的实践上，必须将政治因素考虑在内，必须对党员进行政治意识教育等。一方面，全面从严治党，绝不能回避政治问题。对政治隐患，要从政治高度认识，防止权力腐化和权力异化。习近平总书记指出，我们党正处在一个关键的历史节点上，党的队伍发生的重大变化和党群干群关系出现的新情况新问题，迫切需要我们首先从政治上把全面从严治党抓紧抓好。这不仅可以超越资本固有的属性，引导其为发展社会主义的生产力和造福人民服务；还可通过明确权力和资本的界线，防止因权力异化而走上改旗易帜的邪路。另一方面，加强党的政治建设具有鲜明的问题意识，是对当前党内存在问题的理性回应，具有现实的必然性和针对性。在《关于新形势下党内政治生活的若干准则》和《中国共产党党内监督条例》说明会上，习近平总书记再一次表明，要解决党内存在的一些突出矛盾和问题，必须把党的思想政治建设摆在首位，营造风清气正的政治生态。党的十八大以来，党中央把党的政治建设摆在首位，在强化党的领导、严肃党内政治生活、强化党内监督、加强党内教育、整顿作风和反腐败斗争等方面采取一系列重大举措，正是着眼于从政治上建设党。这些举措力度空前，取得了显著成效，清除了重大政治隐患，挽救了党，巩固了党的集中统一领导，党的面貌、党在人民群众中的形象发生了历史性变化。

（三）必须严守政治纪律和政治规矩

严守政治纪律和政治规矩是一个涉及党的建设各方面的系统工程，各级党组织和广大党员干部要确立从我做起、从现在做起的态度，切实从以下 4 个方面狠下功夫。

第一，要对党员干部加强理想信念教育。

党员干部没有政治忠诚，没有坚定信仰，严守政治纪律和政治规矩就会成为空谈。只有坚定理想信念，严守政治纪律和政治规矩才会具有信仰根基。作为共产党员，共产主义远大理想和中国特色社会主义共同理想，是应该秉持的理想信仰，也是经受住任何考验的精神支柱。国防大学金一南教授在《苦难辉煌》一书中讲了一段历史：南昌起义失败后，面对到处是敌人，一无供给、二无援兵的困境，应当怎么办、走到哪里去？好多官兵纷纷离开，有的不辞而别，最终只留下 800 人的革命火种。而正是这 800 人成了中国人民解放军的重要基础。他们当中没有几个人想到，共产党人 22 年后能够夺取全国政权，而当时他们之所以义无反顾留下来，就是凭借着对党的事业的无限忠诚和坚定的理想信念。现在一些党员干部蜕化变质，出现破坏政治纪律政治规矩、贪污腐败、不正之风等问题，说到底还是在理想信念上出了问题。严守政治纪律和政治规矩，必须高度重视思想政治建设，把坚定理想信念作为开展党内政治生活的首要任务，培育广大党员将对马克思主义的信仰、对社会主义和共产主义的信念作为其毕生追求。要强化理论武装，持之以恒、全面系统地抓好马克思主义理论的学习，尤其要把深入学习贯彻习近平新时代中国特色社会主义思想作为重大政治任务，更好地补精神之“钙”，固思想之元，守为政之本，不断深化对共产党执政规律、社会主义建设规律、人类社会发展规律的认识，从灵魂深处和思想根源上坚定对马克思主义的信仰、对共产主义的信念、对以习近平同志为核心的党中央的信赖。

第二，党员干部要对党的政治纪律和政治规矩心存敬畏、严格遵守。

严守政治纪律和政治规矩，是党员干部讲政治、讲党性的最集中体现。为此，必须绷紧政治纪律和政治规矩这根弦，任何时候都要心存敬畏，任何情况下都要严格遵守。

首先，要从学好熟知纪律规矩做起。学好纪律、熟知规矩是守纪律讲规矩的基本前提。每一个共产党员特别是领导干部都要深入学习以党章为统领的党规党法，自觉对照违反政治纪律和政治规矩的行为表现，逐条进行自查自纠，把严守政治纪律和政治规矩体现到日常言行当中，永葆共产党人的政治本色。

其次，要自觉做政治的“明白人”。古人说：“先义而后利者荣，先利而后义者辱；荣者常通，辱者常穷。”意思是：明白大是大非、先公后私，才能做事通达，遇事不糊涂；相反，把一已之私凌驾于公义之上的人会蒙受耻辱，往往利令智昏，头脑不清醒。党员干部作为党和国家事业的中坚力量，政治头脑是否清醒、政治立场是否坚定，是衡量其能否担当大任、肩负重托的首要标准。没有正确的政治思想，就等于没有灵魂。2015 年 6 月 30 日，习近平总书记在会见全国优秀县委书记时，提出了四点要求，第一点就是“做政治的明白人”。做政治的明白人，简而言之，就是坚决维护核心，始终对党忠诚。做到“心中有党、心中有民、心中有责、心中有戒”，自觉执行党的纪律和规矩，在大是大非面前旗帜鲜明，立场坚定，不折不扣地贯彻落实习近平总书记提出的“四个意识”“五个必须”，自觉维护中央权威，坚决同以习近平同志为核心的党中央保持高度一致，让守纪律、讲规矩成为一种习惯、一种追求、一种常态。

最后，要始终不越红线、坚守底线。从《明史》记载中可以看到，当朱元璋听到“畏法度者最快乐”时才点头称是，可见，最快乐者不是富甲天下者，不是功成名就者，也不是金榜题名者，而是畏法度者。广大党员干部应时刻以党员的标准严格要求自己，手握戒尺、心存敬畏，不发表违反组织原则的言论，不做违背组织原则的事。领导干部还要带头践行社会主义核心价值观，带头执行廉洁自律准则，自觉同特权思想和特权现象作斗争；注重家庭、家教、家风，管好亲属和身边工作人员，决不允许其擅权干政、牟取私利，决不纵容其影响政策制定和人事安排、干预正常工作运行，决不默许其利用特殊身份牟取非法利益。

第三，铁的纪律必须有铁的执行。

“天下之事，不难于立法，而难于法之必行。”制度的生命在于执行，否则就是“稻草人”“纸老虎”。党纪是铁的纪律，党规是刚性要求，制定了就必须严格遵守，切实维护，任何人都不能心存侥幸、违纪违规。各级党组织要进一步强化执纪力度，切实把全面从严治党、严明党的纪律各项要求落到实处，对违纪违规行为做到发现一起查处一起，查处一起通报一起，使政治纪律成为带电的高压线，使每个共产党员在内心真正敬畏、尊崇纪律，在行动上严格落实、执行纪律。

首先，开展多种形式的政治纪律和政治规矩教育活动，使各级党组织和广大党员干部学会从政治上看问题，提高政治鉴别力，自觉在思想上政治上行动上同党中央保持高度一致。例如，把《中国共产党纪律处分条例》新增的违反政治纪律行为，如妄议党中央大政方针、在党内搞团团伙伙、对抗组织审查等作为重点，加大宣传、教育、审查力度，推动政治纪律的执行。其次，要加大监督检查力度，对党员干部从严要求、从严教育、从严管理、从严监督。将违反政治纪律问题作为执纪问责监督的重要内容，线索优先摸排、初核优先核实、立案优先查清、审理优先审核，确保纪律审查每个环节都能坚守政治纪律阵地。最后，对违纪行为动真碰硬、不手软，绝不姑息迁就。改变对政治纪律问题不敢强调、不敢批评、不敢斗争的状况，敢于负责、敢于较真、敢于斗争，一把尺子量到底，不开“天窗”、不留“暗门”，确保把党章党规党纪落实到位。对违反政治纪律的行为要及时总结，剖析原因，深挖根源，提出针对性的防范建议，努力固本清源。结合当前纪律审查中反映比较集中的，如向组织提供虚假情况、掩盖事实以及串供堵口或者销毁、转移、隐匿证据等违反政治纪律问题，要展开精准打击，公开通报典型案例，维护政治纪律的权威。

第四，党的各级组织和党的各级纪律检查机关要肩负起严明政治纪律和政治规矩的主体责任和监督责任。

严守政治纪律和政治规矩，既要靠自觉，也要靠监督。一方面，各级党委要肩负起严明政治纪律和政治规矩的主体责任。一个地方一个部门一个单位，政治纪律和政治规矩的严明程度，取决于党委领导班子，取决于主要负责人。党委（党组）书记作为第一责任人，必须敢于负责、敢于碰硬、敢于较真，严守党的政治纪律和政治规矩。对违反党的政治纪律、政治规矩的人和事，要严肃、郑重地指出和提醒，对造成危害的要敢于斗争、予以处罚处理。各级党委要把监督党员干部严守政治纪律和政治规矩纳入“主体责任”的考核范围，抓住领导干部这个“关键少数”，通过树立严明政治纪律和政治规矩的用人导向、教育引导、查处违纪行为等方式，督促各级领导干部牢固树立纪律和规矩意识，自觉维护党中央权威和党的团结统一，使严守政治纪律和政治规矩在党内蔚然成风。另一方面，作为党内的纪律检查机关的各级纪委，要担负严明政治纪律和政治规矩的监督责任。维护政治纪律和政治规矩是各级纪委应尽之责、分内之责。党的各级纪律检查机关要把维护党的政治纪律放在首位，切实履行党章赋予的职责，以习近平总书记提出的“五个必须”和“五个决不允许”为准绳，加强对政治纪律执行情况的检查监督，坚决维护党中央的权威，保证党中央政令的贯彻落实，把严明政治纪律和政治规矩落到实处。

【延伸阅读】

严明党的政治纪律，习近平总书记这样说

政治纪律是最重要、最根本、最关键的纪律

严明党的纪律，首要的就是严明政治纪律。党的纪律是多方面的，但政治纪律是最重要、最根本、最关键的纪律，遵守党的政治纪律是遵守党的全部纪律的重要基础。政治纪律是各级党组织和全体党员在政治方向、政治立场、政治言论、政治行为方面必须遵守的规矩，是维护党的团结统一的根本保证。

——2013年1月22日，习近平在十八届中央纪委二次全会上的讲话

党的纪律是刚性约束，政治纪律更是全党在政治方向、政治立场、

政治言论、政治行动方面必须遵守的刚性约束。

——2015 年 1 月 13 日，习近平在十八届中央纪委五次全会上的讲话

要坚持问题导向，把严守政治纪律和政治规矩放在首位。加强党的纪律建设，要针对现阶段党纪存在的主要问题，更加强调政治纪律和政治规矩。

——2015 年 10 月 8 日，习近平在十八届中央政治局常委会会议上的讲话

政治纪律和政治规矩是党最根本、最重要的纪律，遵守政治纪律和政治规矩是遵守党的全部纪律的基础。

——2016 年 10 月 27 日，习近平在党的十八届六中全会第二次全体会议上的讲话

重点强化政治纪律和组织纪律，带动廉洁纪律、群众纪律、工作纪律、生活纪律严起来。

——2017 年 10 月 18 日，习近平在中国共产党第十九次全国代表大会上的报告

维护党中央权威和集中统一领导是根本的政治纪律和政治规矩

严明政治纪律就要从遵守和维护党章入手。遵守党的政治纪律，最核心的，就是坚持党的领导，坚持党的基本理论、基本路线、基本纲领、基本经验、基本要求，同党中央保持高度一致，自觉维护中央权威。

——2013 年 1 月 22 日，习近平在十八届中央纪委二次全会上的讲话

遵守政治纪律和政治规矩，必须维护党中央权威，在任何时候任何情况下都必须在思想上政治上行动上同党中央保持高度一致；必须

维护党的团结，坚持五湖四海，团结一切忠实于党的同志；必须遵循组织程序，重大问题该请示的请示，该汇报的汇报，不允许超越权限办事；必须服从组织决定，决不允许搞非组织活动，不得违背组织决定；必须管好亲属和身边工作人员，不得默许他们利用特殊身份谋取非法利益。

——2015年1月13日，习近平在十八届中央纪委五次全会上的讲话

全党要坚定执行党的政治路线，严格遵守政治纪律和政治规矩，在政治立场、政治方向、政治原则、政治道路上同党中央保持高度一致。要尊崇党章，严格执行新形势下党内政治生活若干准则，增强党内政治生活的政治性、时代性、原则性、战斗性，自觉抵制商品交换原则对党内生活的侵蚀，营造风清气正的良好政治生态。

——2017年10月18日，习近平在中国共产党第十九次全国代表大会上的报告

要严格遵守政治纪律和政治规矩，全面执行党内政治生活准则，确保党中央政令畅通，确保局部服从全局，确保各项工作坚持正确政治方向。

——2017年10月25日，习近平在党的十九届一中全会上的讲话

必须做到政治过硬，牢固树立“四个意识”，在思想政治上讲政治立场、政治方向、政治原则、政治道路，在行动实践上讲维护党中央权威、执行党的政治路线、严格遵守党的政治纪律和政治规矩

——2018年1月5日，习近平在新进中央委员会的委员、候补委员和省部级主要领导干部学习贯彻习近平新时代中国特色社会主义思想和党的十九大精神研讨班开班式上的讲话

各级党组织和广大党员要自觉遵守政治纪律和政治规矩

党的各级组织要自觉担负起执行和维护政治纪律的责任，加强对党员遵守政治纪律的教育。

——2013年1月22日，习近平在十八届中央纪委二次全会上的讲话

严明党的纪律特别是政治纪律，敢于触及思想、正视矛盾和问题，从自己做起，从现在改起，端正行为，自觉把党性修养正一正、把党员义务理一理、把党纪国法紧一紧，保持共产党人良好形象。

——2013年6月18日，习近平在党的群众路线教育实践活动工作会议上的讲话

党的各级组织要加强对党员、干部遵守政治纪律的教育。

——2014年1月14日，习近平在十八届中央纪委三次全会上的讲话

全面从严治党，必须注重政治上的要求，必须严明政治纪律，特别是各级领导干部要时刻绷紧政治纪律这根弦，坚持党的领导不动摇，贯彻党的路线方针政策不含糊，始终做政治上的明白人。

——2016年1月12日，习近平在十八届中央纪委六次全会上的讲话

各级党组织要自觉担当责任，严格按党的政治纪律和政治规矩办事，任何时候任何情况下都不能破坏党的政治纪律和政治规矩，都不能拿党的政治纪律和政治规矩做交易。

——2016年8月22日至23日，习近平在青海考察时的讲话

每一个党员对党的政治纪律和政治规矩都要心存敬畏、严格遵守，中央政治局的同志首先应该做到，在指导思想和路线方针政策以及关系全局的重大原则问题上，脑子要特别清醒、立场要特别坚定。

——2016 年 12 月 26 日至 27 日，习近平主持十八届中央政治局民主生活会会议上的讲话

各级党组织和广大党员要自觉遵守政治纪律和政治规矩，不断增强政治意识、大局意识、核心意识、看齐意识，做到坚守政治信仰、站稳政治立场、把准政治方向。

——2016 年 10 月 27 日，习近平在党的十八届六中全会第二次全体会议上的讲话

党的高级干部要做严肃党内政治生活的表率，始终把握正确政治方向，坚持政治立场和政治原则，遵守政治纪律和政治规矩，坚守正道、弘扬正气，坚持原则、敢抓敢管。增强政治意识、大局意识、核心意识、看齐意识，最终要落脚在看齐上。

——2017 年 1 月 6 日，习近平在十八届中央纪委七次全会上的讲话

（摘编自中央纪委国家监委网站 2018 年 8 月 29 日）

三、决不能在贯彻执行中央决策部署上打折扣

遵守政治纪律和政治规矩，核心是什么？就是坚持党中央集中统一领导，在思想上政治上行动上同党中央保持高度一致，自觉维护中央权威。习近平总书记明确要求："要坚决贯彻执行党的路线方针政策，正确处理保证中央政令畅通和立足实际创造性开展工作的关系，决不能在贯彻执行中央决策部署上打折扣、做选择、搞变通，决不能搞'上有政策、下有对策'，也决不能对中央大政方针和重大工作部署口无遮拦、毫无顾忌、评头论足，任何情况下都要严守政治纪律，自觉维护中央权威。"这是全党全国各族人民的共同愿望，是推进全面从严治党、提高党的创造力凝聚力战斗力的迫切要求，是保持党和国家事业发展正确方向的根本保证。

（一）全党必须在思想上政治上行动上同党中央保持高度一致

毛泽东同志曾说，“路线是‘王道’，纪律是‘霸道’”，这旨在强调党的路线方针政策一旦确立，服从和执行就是绝对的、无条件的。与党中央保持高度一致，就是听从中央统一指挥，服从中央统一领导，坚决维护中央权威。新时代严守政治纪律和政治规矩、与党中央保持高度一致，有三个方面必须明确。

第一，思想上毫不松懈地紧跟以习近平同志为核心的党中央。

思想是行动的先导，思想理论上的坚定清醒是政治上坚定的前提。要做到思想上毫不松懈，最重要的是深入学习习近平新时代中国特色社会主义思想。它是中国特色社会主义理论体系的最新成果，是当代中国马克思主义的最新发展，是指导我们进行具有许多新的历史特点的伟大斗争的强大思想武器。

党员干部一要在坚持读原著上下功夫。二要在领会习近平新时代中国特色社会主义思想的精神实质上下功夫。注重全面地而不是片面地、系统地而不是零碎地、深入地而不是肤浅地学习领会习近平新时代中国特色社会主义思想，深入学习领会习近平新时代中国特色社会主义思想的重大理论意义和实践意义，不断深化对共产党执政规律、社会主义建设规律、人类社会发展规律的认识。三要以习近平新时代中国特色社会主义思想为指导，在改造客观世界的同时改造自己的主观世界。进一步坚定理想信念，把对马克思主义的信仰、对社会主义和共产主义的信念作为毕生追求，坚定对中国特色社会主义的道路自信、理论自信、制度自信、文化自信，自觉成为共产主义远大理想和中国特色社会主义共同理想的坚定信仰者和忠实实践者。①

第二，政治上坚决维护党中央权威，维护党的团结统一。

政治纪律和政治规矩之于政党，堪称生死攸关的生命线。一个政党如果允许其各级组织在政治主张上各树旗帜、在政策主张上各搞一套，允许其党员干部在言论上口无遮拦、想说啥就说啥，在行动上为所欲为、想干啥就干啥，这个政党怎么能有凝聚力战斗力呢？怎么会有政治作为、最终实现自己的政治目标呢？世界上一些长期执政的大党、老党丧失执政地位，很重要的一个原因就是政治纪律松弛了，中央权威被亵渎了。更何况我们党是一个有着8900多万名党员、在一个幅员辽阔的发展中大国领导着近14亿人口的执政大党。血淋淋的教训我们必须汲取。

当前，一些党员干部对“权威”比较敏感，觉得“权威”提多了就压制了“民主”。这显然有失偏颇。恩格斯在《论权威》一文中指出：“把权威原则说成是绝对坏的东西，而把自治原则说成是绝对好的东西，这是荒谬的。”列宁认为，工人阶级为了全世界进行艰巨而顽强的斗争以取得彻底解放，是需要权威的，党的中央机关必须拥有广泛的权力，得到全体党员的普遍信任，成为一个有权威的机构，只有这样，党才能履行自己的义务。由此可见，从国际共运发展史来看，马克思主义经典作家都把能否维持权威作为马克思主义政党建设的基本政治逻辑和历史经验。

从中国共产党的发展历史来看，将马克思主义权威理论与建构坚强中央领导集体相结合是中国共产党建设的基本经验。抗战时期，

① 参见王晓峰：《坚决在思想上政治上行动上同以习近平同志为核心的党中央保持高度一致》，载《工人日报》2016年11月29日。

毛泽东就用一个电台来指挥千军万马，“嘀嗒嘀嗒”的声音就是毛泽东和党中央的声音，全党全军都无条件地执行。正是因为全党全军对党中央权威的坚决维护，大家在自觉执行延安“嘀嗒嘀嗒”声的过程中，淬炼成“一块坚固的钢铁”。邓小平基于对在中国这样经济文化比较落后的大国建设社会主义和巩固与发展社会主义的战略思考，系统讲述了为什么要维护中央权威、如何维护中央权威等重大问题。他明确指出:“任何一个领导集体都要有一个核心，没有核心的领导是靠不住的。”党的十八大以来，以习近平同志为核心的党中央带领全党全军全国各族人民开创了中国特色社会主义伟大事业和党的建设新的伟大工程新局面，在改革发展稳定、内政外交国防、治党治国治军等各方面取得了一系列具有重大现实意义和深远历史意义的成就，实现了党和国家事业的继往开来。十八届六中全会明确习近平总书记的核心地位、正式提出“以习近平同志为核心的党中央”，反映了全党全军全国各族人民的共同心愿，是众望所归，是党和人民事业发展的客观需要，是坚持和加强党的领导的根本保证。

当前，维护党中央权威，要求党的各级组织和党员干部开展任何工作都要以贯彻中央精神为前提，尤其是在涉及路线方针政策等重大原则问题上，必须坚决服从中央命令，自觉与党中央步调一致。在这个重大政治原则问题上，全党每一个同志态度要非常鲜明，立场要非常坚定，行动要非常自觉，任何时候、任何情况下都不能有丝毫含糊和动摇。在党内，决不允许搞非组织活动，决不允许搞小山头、小圈子、小团伙。

第三，行动上毫不迟缓地贯彻落实党中央的重大决策部署。

思想上毫不松懈、政治上毫不动摇，最终就要体现到行动上毫不迟缓。中央的决策部署一旦作出，就只能不折不扣地贯彻执行，没有什么商量选择的余地，也没有什么讨价还价的可能。贯彻执行不但要迅速，而且要很有力，坚决排除“梗阻”，防止上下不贯通，确保中央决策部署落地生根、开花结果。党的各级组织和党员干部不能心里拨拉着个人的“小九九”，而要牢固树立大局意识，正确处理保持中央政令畅通和立足实际创造性开展工作的关系，防止和克服地方和部门保护主义、本位主义，决不允许“上有政策、下有对策”，在落实中央决策部署上打折扣、搞变通。

（二）牢固树立大局意识

大局意识，就是善于从全局高度、用长远眼光观察形势，分析问题，善于围绕党和国家的大事认识和把握大局，自觉地在顾全大局的前提下做好本职工作。习近平总书记强调：“必须牢固树立高度自觉的大局意识，自觉从大局看问题，把工作放到大局中去思考、定位、摆布，做到正确认识大局、自觉服从大局、坚决维护大局。”因此，各级党员干部要牢固树立大局意识。

第一，讲大局是我们党的优良传统和政治优势。

大局意识体现了中华民族“先天下之忧而忧，后天下之乐而乐”“苟利国家生死以，岂因祸福避趋之”等优秀传统文化的精髓。中国共产党从成立之日起，既是中华优秀传统文化的忠实传承者和弘扬者，又是中国先进文化的积极倡导者和发展者。毛泽东同志说过：“指挥全局的人，最要紧的，是把自己的注意力摆在照顾战争的全局上面。”邓小平同志指出，“考虑任何问题都要着眼于长远，着眼于大局”“眼界要非常宽阔，胸襟要非常宽阔”。江泽民同志也强调：“胸无全局者，不足以谋一域。无论负责哪一级、哪一个部门的领导工作，都要时刻胸怀全党全国工作的大局，坚持以大局为重。”胡锦涛同志提出：“各级领导干部要牢固确立全局观念，正确处理全局利益和局部利益的关系。”党的几代领导人都对大局意识作过精辟的论述，要求各级党员干部增强大局意识，围绕大局来思考问题，开展工作。这充分显示了树立大局意识的重要重要性。

回首中国共产党近百年奋斗史，无论是革命战争年代，还是和平建设时期，我们党都依靠大局意识这个战略支撑来凝聚思想、激发士气、统一行动，夺取一个又一个胜利。革命战争年代，为了整个战局胜利，许多部队转隶配属其他部队作战。在解放战争时期，为打破国民党当局对陕北革命根据地的封锁围堵，遵从中央指示，刘邓大军千里挺进大别山，犹如在国民党的心脏插上一把尖刀。面对艰巨任务，刘伯承、邓小平没有丝毫退缩，毅然决然地坚决完成中央交办的任务。新中国成立之初，为了边疆经济发展和社会稳定，数十万大军脱下军装屯垦戍边。到了和平时期，为了响应毛泽东“一定要把淮河治好”的号召，金寨县人民10万亩良田被大水淹没，10万人民移民外地。正是这种顾全大局的精神，使我们党在革命、建设时期，能够拧成一股绳，战胜一切艰难险阻，赢得最后的胜利。无疑，树立大局意识，对国家、民族的振兴有利，对一个地区的稳定和发展有利，对一个人所在的单位和集体的工作有利。

第二，讲大局是夺取全面建成小康社会决胜阶段伟大胜利的重要保障。

当前，世情、国情继续发生深刻变化。从国际大局来看，和平、发展、合作、共赢是主旋律，相互联系、相互开放、相互依存是大潮流，各国机遇共享、风险共担、命运与共的利益交融日益深入。随着我国的快速发展，与国际社会互联互动空前紧密，对世界的影响和国际事务的参与不断加深，世界对我国的影响也不断加深。我们必须深刻理解、紧紧抓住、切实用好这样的新机遇，因势利导、顺势而为，努力在风云变幻的国际环境中谋求更大的国家利益。从国内大局来看，中国特色社会主义发展进入了关键时期，改革进入攻坚阶段，经济体制深刻变革，社会结构深刻变动，利益格局深刻调整，思想观念深刻变化，面临的矛盾和困难很多。党中央站在全局高度，审时度势地提出了治国理政的“五位一体”总体布局和“四个全面”战略布局，[①]党员干部必须紧密团结在以习近平同志为核心的党中央周围，坚决维护党中央权威和集中统一领导，继续推进全面从严治党，确保党团结带领人民不断开创中国特色社会主义事业新局面。

第三，广大党员干部要在具体实践中落实讲大局的政治要求。

对于一个国家、一个地区、一个单位或一个集体而言，讲大局就是一事当前，先从国家的、地区的、单位的、集体的整体利益着想，顾全国家的、地区的、单位的、集体的整体利益。这就要求每一个党员干部爱党爱国爱人民，心里装着单位和集体的事业和工作，以全局的长远的利益为重，以全局的长远的需要为重，以集体和他人为重，要按这个要求来分清轻重缓急，知道什么是应该做的，什么是不应该做的，什么是需要坚持发扬的，什么是要反对摈弃的。

首先，要善于用能动的观点来理解大局。大局总是会因为时势的变迁、历史的交替、形势的转化不断发展变化，这就要求人们必须跳出一时一地的局限，自觉地把本地区、本部门的工作放到全党全国工作大格局中，用宽广的眼界和思维审时度势，权衡利弊，把握现在，透视未来。如果斤斤计较于眼前利益和个人得失，就会因小失大，造成“一着不慎、满盘皆输”的后果。党的十八大以前，一些地方在抓发展时贪大求洋，常搞短期行为，要么大上污染项目，要么举债搞建设，虽然得到了短期的蝇头小利，却产生了难以消除的负面影响，损害了一个地方的长远利益和根本利益，此类教训是非常深刻的。

---

① 参见林珊珊、熊若愚、何忠国:《自觉增强大局意识——中央党校学员牢固树立“四个意识”系列理论访谈之二》，载《学习时报》2017年9月6日。

其次，要乐于用辩证的观点来理解大局。大局意识既是绝对的又是相对的。所谓绝对的，是指党的团结统一、国家民族的发展振兴、人民群众根本利益的维护等，这个大局意识是不能有丝毫含糊的。所谓相对的，是指一个地区、一个部门、一个单位，也有自己的大局意识，如加快区域经济发展，维护地方社会稳定等。但是，这个“大局意识”相对国家这个大棋盘，并不是不可动摇的，在国家需要的情况下，必须退居到局部的位置上。这种绝对性和相对性的存在，使各个层次的大局意识既互相区别，又互相联系。党员干部只有善于看到这种区别和联系，根据它们在一定时期一定范围的地位和作用，才能正确决定自己的行动。

最后，要善于用系统的观点来理解大局。作为一个个体、一个地区、一个部门，善于把自己归置为国家这台大机器或者大系统的一个零部件或子系统，零部件或子系统只有在整个国家大机器或大系统中才能发挥其作用、体现其价值，而大机器、大系统必须依靠每个零部件、子系统的各就各位、协调配合，才能正常运转，显示其巨大功能威力。

从这个意义上说，当前强化大局意识，需要党员干部用能动、辩证及系统的观点妥善处理上级与下级、整体与个体、全局与局部之间的关系，自觉服从服务于党和国家的工作大局；正确对待各种利益调整，妥善处理眼前与长远、局部和整体、个人和集体之间的利益关系，跳出自己的“一亩三分地”，心中时刻装着党和国家事业发展这个大局。

（三）坚决反对“上有政策、下有对策”

一些地区、部门和单位在执行上级政策时总打自己的小算盘，“利己则执行，不利己则推诿”；在履职时也是“前有政策，后有谋略”，淋漓尽致表现自己的利益偏好，千方百计追求新政绩，一味地玩新概念。

有些地方“上有政策、下有对策”的做法很快被效仿，于是就出现了许多腐败奇招，比如，2013年新华网报道的“茅台酒装入矿泉水瓶宴请官员”等新闻，就是典型的“上有政策、下有对策”，是违反中央八项规定的“创造”。这种普遍存在的“上有政策、下有对策”现象非常值得反思。

“有制度不执行，比没有制度危害还要大。”300多年前，英国哲人培根的话至今发人深省。反腐败制度如果在执行方面有漏洞，极易使制度本身失去应有的约束力和公信力，导致一些地方、领域涉贪涉腐行为屡禁不止，腐败案件多发易发。工程建设领域亦如此。一位长期从事工程招投标的专家曾出人意料地坦白：“现在的工程招投标程序设置得越来越严密、越来越精细，但如果不按规矩办事，穿过这看似密不透风的‘程序防火墙’玩点猫腻，也并非难事，后果甚至更为严重，因为‘通过所谓严格程序的中标结果给腐败披上了一层合法的外衣’。”事实上，监管不力堪称这一领域的最大“漏洞”，因为工程建筑领域本身就是个系统工程，系统的每个环节都可能滋生“细菌”，正是一个个“关口”的失控，导致了相关部门的监督常常脱节。

因此，一些地方在约束权力、预防腐败方面存在某种倾向：相形之下，有关部门更注重立规矩、发文件，不断地出台新制度，但对制度执行得怎么样却不大关心。不少制度“看上去很美”，一旦开始运行，却并没有想象中那么“务实管用”。执行制度时，有的有规不依，有的变通规避，有的标准多重，有的奖惩不明，结果导致“雷声大雨点小”，“制度写在纸上、贴在墙上、念在嘴上”，“牛栏关猫”等现象一而再再而三地上巡演。

令之不行，政之不立。制度只有执行到位，才有生命力。与制度设计相比，制度落实这条腿迈出的步子更需坚实。可以想象，如果在制度的执行过程中不坚守、不到位，包括工程领域在内的各种“前腐后继”怪象便难以根绝。党中央的大政方针都要靠各级党政机关去落实，如果没有执行力，无论战略蓝图多么宏伟，都只能是空中楼阁，无法发挥其本身的威力，全面建成小康社会，实现中华民族伟大复兴的中国梦也难以顺利实现。因此，执行力直接考量党政机关的执行能力。

对此，习近平总书记强调：“坚决维护党中央权威、保证全党令行禁止，是党和国家前途命运所系，是全国各族人民根本利益所在。”党的十八大以来，全面从严治党一直处于进行时态，管党治党成效显著，但“上有政策、下有对策”、政令“选择性执行”、口是心非、阳奉阴违、独断专行、先斩后奏等恶迹并未绝迹。这不仅损害了党中央权威，而且还将在更大范围内消解党的向心力、凝聚力和战斗力，不可不除。如果任由各方各行其是，党就会成为一盘散沙，不仅党的领导成为一句空话，中华民族伟大复兴的中国梦也绝无实现的可能。当前，要切实保证党中央提倡的坚决响应，党中央决定的坚决照办，党中央禁止的坚决杜绝，任何时候任何情况下都做到政治立场不移、政治方向不偏。

第一，加强党的全面领导。“打铁必须自身硬。”“中华号”巨轮乘风破浪、顺利前行，关键靠党来掌舵，靠党来掌握方向。要坚持治国必先治党、治党务必从严，提高管党治党的能力和水平，靠“自身硬”凝聚起不可战胜的磅礴力量，创造无愧于历史的辉煌业绩。当前，维护党中央权威这一政治要求，不是光口头讲讲，必须全面、具体、坚定地落实在各个方面、各项工作上。每一名党员特别是领导干部都要牢固树立党章意识，自觉用党章规范自己的一言一行，在任何情况下都要做到政治信仰不变、政治立场不移、政治方向不偏。各级党组织要自觉担负起执行和维护政治纪律的责任，加强对党员遵守政治纪律的教育。党的各级纪律检查机关要把维护党的政治纪律放在首位，加强对政治纪律执行情况的监督检查。

第二，在政策实施中把原则性和灵活性有机地结合起来。我国地大物博，人口众多，东部与西部地区，省与省之间，无论是经济、文化，还是人们的思想观念和意识都存在很大的差距，各地区就要结合本地的实际，因地制宜，实事求是地对待，把上级政策的精神实质与本地的客观实际相结合，在不违背上级政策精神实质的前提下，结合本地实际制定具体的实施方案，把上级的精神贯彻落实到基层干部群众的实践中。这种原则性与灵活性相结合的工作方法是党在长期的工作实践中总结出来的好方法，是值得进一步完善和继承发扬的。

第三，严肃党纪国法，建立健全完善的政策实施责任制。完善的政策实施责任制，是对党员干部贯彻执行上级政策的一种有效监督手段。政策的制定者要建立健全完善的政策实施责任制，对政策的执行者进行全方位的监督，有效地规范其权力的行使，约束其行为的选择，避免政策执行者在政策执行的过程中瞒上欺下的现象发生，保证上级的政策能顺利地贯彻执行，从而更好地维护国家的整体利益和广大人民群众的根本利益。在实施责任制时，一定要奖惩分明，职责明确，权利和义务清楚。对贯彻落实上级政策做得好的地区、单位、部门和领导，要给予充分的肯定；反之，对地方和部门保护主义、本位主义、“上有政策、下有对策”、有令不行、有禁不止，在贯彻执行中央决策部署上打折扣、做选择、搞变通等现象，要严肃批评教育，该惩处的要严肃惩处。即要从政治上、经济上进行严肃处理，该撤职的就撤职，该降职的就降职，该免职的就免职，绝不能姑息迁就。通过责任追究，在整个社会形成一种良好的风气，即形成一种谁认真贯彻执行上级的路线、方针、政策，谁就会得到表扬重用和奖励；谁搞“上有政策，下有对策”不良行为，谁就要付出沉重的代价。[①]

第四，充分调动发挥各方面的力量，切实加强监督。要避免和减少“上有政策，下有对策”这一不良现象的发生，切实加强监督是一个十分重要的环节。因此，各级党委、政府要以不护短不掩丑的姿态，充分调动各级纪检监察部门、党报党刊、人民群众等各方面的积极力量，切实加强民主监督、舆论监督和社会监督，防止一把手权力过大及独断专行。

【延伸阅读】

在始终同党中央保持高度一致上作表率

党的力量来自党的组织。党的全面领导、党的全部工作都要靠党的坚强组织体系去实现。党中央是大脑和中枢，必须有一锤定音的权威。党员干部必须牢固树立“四个意识”，自觉在思想上政治上行动上同以习近平同志为核心的党中央保持高度一致，坚决维护党中央权威和集中统一领导，在各项工作中毫不动摇贯彻落实党中央决策部署，不打任何折扣。

同党中央保持高度一致必须是全面的。这就要求在思想上政治上行动上全方位向党中央看齐，做到表里如一、知行合一。首先，深入持久抓好理论武装工作，真学真懂真信真用习近平新时代中国特色社会主义思想，坚定信仰马克思主义，凝心聚力坚持和发展新时代中国特色社会主义。其次，言为心声。要时刻铭记共产党员身份，旗帜鲜明地捍卫党的基本理论、基本路线、基本方略。最后也是最重要的，同党中央保持

① 参见刘武洪:《“上有政策下有对策”现象剖析》，载《中共云南省委党校学报》2009年第4期。

高度一致一定要落实到实际行动上，体现到新时代新担当新作为上。

同党中央保持高度一致必须是具体的。这就要求保持高度一致不能光口头讲讲，要落实在各个方面、各项工作上。自觉加强政治建设，把坚持正确政治方向贯彻到谋划重大战略、制定重大政策、部署重大任务、推进重大工作的实践之中，经常与党中央对表对标，及时校准偏差。紧密结合工作实际，把精力和心思用在推动高质量发展、保障和改善民生、打赢“三大攻坚战”上，用在主动破解难题、敢于攻关克难、着力解决人民群众最关心最直接最现实的利益问题上。坚持把营造良好政治生态作为党的政治建设的基础性工作，以永远在路上的坚定和执着把反腐败斗争进行到底，坚持不懈清除“四风”，让人民群众真正感受到清正干部、清廉政府、清明政治就在身边。

同党中央保持高度一致必须是坚定的。这就要求做到，党中央提倡的坚决响应，党中央决定的坚决照办，党中央禁止的坚决杜绝，任何时候任何情况下都做到政治立场不移、政治方向不偏。必须坚定自觉地向党中央看齐，向党的理论和路线方针政策看齐，向党中央决策部署看齐，不能有丝毫含糊和摇摆。牢固树立大局观念和全局意识，绝不搞“上有政策、下有对策”，绝不在落实党中央决策部署上打折扣、搞变通。严守党的政治纪律和政治规矩，切实增强政治警觉性和政治鉴别力，在重大政治原则问题上态度非常鲜明、立场非常坚定、行动非常自觉，做到政治上绝对忠诚、组织上坚决服从、行动上遵规守纪。

（摘编自《学习时报》2018 年 8 月 8 日，作者：熊若愚）

四、不能做两面人

党的十八大以来，以习近平同志为核心的党中央坚持全面从严治党，党风政风为之一新，党内政治生态明显好转，但仍有极少数党员干部弄虚作假，搞两面派、做两面人。党的十九大报告指出："坚决反对搞两面派、做两面人。"这彰显了以习近平同志为核心的党中央在反对做两面人问题上态度十分鲜明。坚定不移地全面从严治党，需要认清两面人、警惕两面人、清除两面人，使党员干部始终对党忠诚老实。这是旗帜鲜明讲政治的必然要求。

（一）共产党人应该坦坦荡荡、光明磊落

老子的《道德经》体现了天道、地道、人道的哲理深蕴。孟子倡导“富贵不能淫，贫贱不能移，威武不能屈”的大丈夫人格，激励天下仁人志士要有大丈夫的气概。可以说，中华传统文化历来倡导孝悌忠信、礼义廉耻，做人要做君子，远小人、学贤人、敬圣人。共产党人不仅发扬马克思主义政治品格，而且继承了中华优秀传统文化的精髓，铸就了共产党人坦坦荡荡、光明磊落的君子人格和政治品格，是中华文明的辉煌篇章。

第一，党员对党要忠诚老实、光明磊落。

对党忠诚是共产党人的根本，是党保持凝聚力、战斗力的基石。每个共产党员入党宣誓时都要面向党旗庄严承诺“对党忠诚”。做到对党忠诚，就要时刻将对党的绝对忠诚贯注到血脉里，自觉做到在党爱党、在党言党、在党忧党、在党为党、在党护党；就要严守党的政治纪律和政治规矩，牢固树立“四个意识”，坚决做到“两个维护”始终同党中央保持高度一致。

对党忠诚，必须是唯一的、彻底的、无条件的、不掺任何杂质的、没有任何水分的绝对忠诚。“维护党的团结和统一，对党忠诚老实，言行一致，坚决反对一切派别组织和小集团活动，反对阳奉阴违的两面派行为和一切阴谋诡计”，这是党章规定的党员必须履行的义务。党的十八届六中全会通过的《中国共产党党内监督条例》还明确规定：“坚决反对和纠正当面不说、背后乱说，会上不说、会后乱说，

当面一套、背后一套等错误言行。”这就要求党员干部必须与党同心同德、心心相印，决不隐瞒自己、信口雌黄，决不阳奉阴违、口是心非，决不搞两面派、做两面人。

第二，党员干部要自觉保持干干净净、规规矩矩、清清爽爽。

政党作为由若干个体的人组成的政治组织，其内部也必然会形成各种关系。如何理顺各种关系，对一个政党来说十分重要，关系到政党性质及其事业成败。“同德则同心，同心则同志。”中国共产党人以“同志”互称，就意味着其以为人民服务为宗旨，以实现共产主义为理想并为共同事业而奋斗之意。这就决定了共产党人在工作中应当表现为“清爽透明的同志关系”和“规矩清楚的上下级关系”。对待同志，不拉拉扯扯、吹吹拍拍，不搞小山头、小圈子、小团伙，不在党内拉私人关系、培植个人势力、结成利益集团。

邓小平同志曾多次告诫：“不应把相互之间的关系搞成毛泽东同志多次批评过的猫鼠关系，搞成旧社会那种君臣父子关系或帮派关系。”习近平总书记指出：“不能把党组织等同于领导干部个人，对党尽忠不是对领导干部个人尽忠，党内不能搞人身依附关系。干部都是党的干部，不是哪个人的家臣。”共产党人与人相处应以志相交、以心相契、以诚相待，自觉把心思和精力凝聚到为党和人民的事业奋斗上来，让同志关系纯洁、融洽、清爽，像焦裕禄、谷文昌、杨业功、范匡夫、郑培民等先进典型那样笃定信仰、初心不改，做一个心中有党、心中有民、心中有责、心中有戒的党员干部。

第三，党员干部对待群众要言行一致、表里如一、公道正派、一身正气。

共产党人是大写的“人”，有党性风骨和主体人格。马克思主义是人类解放的学说，追求人的自由全面发展，强调人民是历史的主体。党章也明确规定：“党除了工人阶级和最广大人民群众的利益，没有自己特殊的利益。”这就决定了真正的共产党人，永远是把党性原则放在第一位、公道正派的坦荡君子。

明代思想家方孝孺说：“凡善怕者，必身有所正，言有所规，行有所止，偶有逾矩，亦不出大格。”人民群众是最讲感情的，党员干部要赢得人民群众的拥戴，就必须恪守为民之责，为民办实事，对群众讲真情实感，做群众的好朋友。习近平总书记强调：“作为党的干部，只有一心为公，事事出于公心，才能有正确的是非观、义利观、权力观、事业观，才能把群众装在心里，才能坦荡做人、谨慎用权。”党员干部要成为公道正派人士，必先正其身，把好“欲望关”，经受住权力、金钱、美女的诱惑，做到清清白白做人、干干净净做事、坦坦荡荡为官，以优良务实的党风促政风带民风，以扎扎实实的工作成效兑现对人民的承诺。要始终注重与群众打成一片，心里始终装着群众，以公而忘私、干净无私的品质与群众交往，始终做到清清爽爽。

第四，党员干部敢担当、能担当、善担当。敢担当，很大程度上不是能力问题，而是态度问题、觉悟问题、党性问题。杂念多了，作风就软，秉公之心就淡化，坚持原则就很难。“疾风知劲草，烈火炼真金。”坦坦荡荡的党员干部始终把党性原则置于个人利益之上，坦坦荡荡没有利益羁绊，平常时刻看得出，关键时刻冲得上，危难时刻挺在前，面对大是大非敢于亮剑，面对矛盾困难敢于迎难而上，面对失误失败敢于承担责任，面对歪风邪气敢于坚决斗争。在应对挑战中寻找发展新机遇，在攻坚克难中拓展发展新空间，始终保持共产党人的政治本色。陈云是我们党杰出的经济工作领导人，新中国成立之初，他通过“米粮之战”“银元之战”“棉纱之战”稳定了新中国的经济，对社会主义改造发挥了重要作用，但他对待自己的缺点错误从不隐讳，敢于自我批评、承担责任并坚决改正。三年困难时期，他在农村干部座谈会上指出：“共产党领导人民闹革命的目的，就是要改善人民的生活，使大家有饭吃，有衣穿。现在老百姓的肚子还吃不饱，生活还那么困难，说明我们的工作没有做好，还存在不少问题。应该说主要责任在中央，是我们中央的几个同志工作没有做好，我就是其中之一。”陈云同志的批评和自我批评，在当时是一种极大的政治勇气，体现了一个真正的马克思主义者求真务实的科学态度和中国共产党人敢于负责、超然物外的无私情怀，是我们当代中国共产党人的光辉榜样。

只有纯洁心灵、厚实修养、砥砺党性、练就坦荡，才能做到光明正大、堂堂正正。只有做到对党对人民忠贞不贰、对同志一视同仁，处处言行一致，党员干部在组织那里才能赢得信任，在群众中才能赢得口碑。党员领导干部要常修为政之德，要对党、对人民、对同志忠诚，成为对得起党、让人民爱戴、让同志信任的领导干部。

（二）两面人对党和人民事业危害很大

什么是两面人？《唐国史补》记载：唐德宗时官至工部尚书的裴佶，小时候他姑父在朝为官。一次，裴佶到姑父府中看望姑姑，正好遇到刚退朝回家的姑父在义正词严地大发感慨：“崔昭算什么东西，官员们都称赞他，这肯定是他给官员们行贿的结果。像他这么做怎么会不出事？”话音刚落，门卫来通报：“寿州刺史崔昭前来拜见大人。”裴佶的姑父闻报大怒，举起马鞭就要抽打门卫。其言外之意是：“这种坏人来访，你竟敢替他通报！”过了好久，他才换上官服，很不情愿地去见崔昭。裴佶没想到，一转眼工夫，姑父就吩咐快给崔昭大人烹茶，又命令下人设宴款待崔昭，还安排人替崔昭喂马，给崔昭的仆从管饭。和裴佶同在后堂的姑姑感到莫名其妙：“前何倨而后何恭也？”谜底很快就揭晓了。裴佶的姑父回到后堂时，一脸得意地招呼裴佶：“孩子，你先到书房玩耍休息吧！”裴佶出门还没有走下台阶，回头看见姑夫从怀中取出一张礼单，“乃昭赠官绝千匹”。这个前倨后恭的故事，活灵活现地揭露了那种平时满口原则、道貌岸然，一遇到私利则表现出贪婪、无耻的两面人。像这样可笑的两面人，在唐代屡见不鲜。

唐代还有一个著名的两面人，就是李林甫。此人在唐玄宗时期，窃居相位长达19年。《资治通鉴》评价：“世谓李林甫‘口有蜜，腹有剑’。”李林甫任宰相时，特别妒忌有才华的人和有实力的竞争者，表面上对人十分友好，私下却施以打击陷害，“啖以甘言而阴陷之”。天宝元年，李适之拜相后，被李林甫视为眼中钉。他紧紧抓住李适之性情粗疏的弱点，经常给李适之挖坑下套。有一次，他偷偷告诉李适之：“华山有金矿，开采可以富国，皇帝还不知道。”李适之便在一日上朝时，将华山金矿奏知唐玄宗，玄宗听罢龙颜大悦，立即找来李林甫商议。此时，李林甫却故作诧异地说：“这件事，人所共知。只是，华山是帝王‘风水’集中的‘龙脉’所在，怎么能只顾赚钱而破坏‘龙脉’呢？提出这个建议的人必定心怀鬼胎。”唐玄宗因此便认为李适之虑事不周，对他说道：“你以后奏事时，要先与李林甫商议。”李适之从此逐渐被疏远。天宝五年，李适之被罢去相位。唐代由盛转衰的历史教训告诉我们，两面人的危害很大。

两面人古已有之，今也不乏其人。习近平总书记曾为他们“画”过像：“有的修身不真修、信仰不真信，很会伪装，喜欢表演作秀，表里不一、欺上瞒下，说一套、做一套，台上一套、台下一套，当面一套、背后一套，手腕高得很；有的公开场合要党员、干部坚定理想信念，背地里自己不敬苍生敬鬼神，笃信风水、迷信‘大师’；有的口头上表态坚定不移反腐败，背地里对涉及领导干部的问题线索不追问、不报告；有的张口‘廉洁’、闭口‘清正’，私底下却疯狂敛财。”① 的确，

① 习近平：《在第十八届中央纪律检查委员会第六次全体会议上的讲话》（2016年1月12日），载《人民日报》2016年5月3日。

从近几年查处的腐败案件看，无论是大“老虎”，还是形形色色的小“苍蝇”，尽管腐败的方式和手段不同，但大多数存在明显的两面人特征。国家发改委原副主任刘铁男“一面请私企老板带自己儿子‘学做生意’，另一面又对有求于自己的企业刻意保持距离，大谈要遵纪守法”。四川省委原副书记李春城，曾多次发表反腐败的“高见”；济南市委原书记王敏，对下属以严厉著称；南京市原市长季建业，曾有过各种版本的“廉政佳话”……最后，这些两面人都因“其身不正”而身陷囹圄。

两面人是典型的伪君子、两面派。精于伪装，伪装忠诚、伪装清廉、伪装纯洁、伪装正直；工于隐藏，隐藏企图、隐藏私心、隐藏不轨；善于欺骗，欺骗党、欺骗组织、欺骗人民，是政治上的不忠诚、行动上的两面派、道德上的伪君子。说到底，两面人本质是一种政治投机。他们既要最大限度地满足贪欲，又要最大限度地运用权力为自己带来好处，堕落的思想意识和贪腐行为与人民公仆的社会角色要求相冲突。在贪婪和侥幸心理驱使下，他们企望通过巧妙地伪装，形成内隐层与外表层分离的复杂面貌来保护自己，沿着贪腐和伪装的道路走下去。[①]他们不仅同党的性质和宗旨相违背，而且具有很强的隐蔽性、迷惑性、欺骗性，给党和人民的事业埋下重大隐患。

一方面，极大影响党和国家事业。人无诚信不立，家无诚信不和，国无诚信不宁。党员干部对党忠诚老实是党和国家的事业兴旺发达的重要保证。长征时期，张国焘对党就不忠诚，搞两面派，政治野心膨胀，使党陷入分裂的危机。这样的历史绝不能重演。新时代的中国，是一艘在复兴航程上扬帆远航的航船，需要全体“船员”在总舵手的指引下团结一致向前看、撸起袖子加油划。如果有些人在公开场合伪装忠诚，但实际或不听指挥，另怀私心，背后打小算盘、搞小动作；

① 参见姚桓：《警惕和防止“两面人”现象》，载《求是》2015年第16期。

或表面企图高喊加油，自己却不出力，甚至结党营私、拉帮结派，搞圈子文化、码头文化，随时准备“翻船”“跳船”，这种不致力于担当、实干、做事、创业，而是热衷于作秀、伪装、欺上瞒下、搞迷信的行为，不仅会带坏社会风气、破坏政治生态，致使政治行为、社会交往充满虚伪、欺诈，更严重的是影响“中国号”航船的航速，偏离航船的航向，耽误航船驶向目标的进程。

另一方面，极大损害党的执政根基。两面派、两面人没有信念、没有原则、没有立场、没有节操，只有一己私利。这种人一旦面临糖衣炮弹的袭击、金钱美色的诱惑、利益集团的“围猎”，很容易背叛初心、出卖灵魂，贪污受贿、腐化堕落。此外，贪官的两面人特征不仅给查处案件造成困难，而且由于两面人在被查之前都是以“忠诚、清正、廉洁、为民”的形象示人，其中不乏因善于作秀、善于演戏而获得群众好感的人，一旦他们违纪违法的事实被披露，就会造成极大反差，给广大党员和群众心理带来巨大冲击，不但败坏党的形象、恶化党内政治生态，还会给党执政的政治基础造成严重损害。

（三）坚决反对搞两面派、做两面人

荀子在《荀子·大略》中说:“口能言之，身能行之，国宝也。口不能言，身能行之，国器也。口能言之，身不能行，国用也。口言善，身行恶，国妖也。治国者敬其宝，爱其器，任其用，除其妖。”党的十八大以来，习近平总书记多次尖锐指出党内存在的两面人问题。党的十九大报告特别强调，全党要“弘扬忠诚老实、公道正派、实事求是、清正廉洁等价值观”，“坚决反对搞两面派、做两面人”。随着全面从严治党的不断深入，尽管一些两面人已经浮出水面，但是可以断定，还有各种类型的两面人隐藏在党内，必须及时把两面人辨别出来、清除出去。

第一，要把党的政治建设摆在首位。两面人是党的政治建设中面临的突出问题，是必须引起高度重视的政治隐患，需要从政治建设的高度进行认识和防范。全党要在思想上政治上行动上同以习近平同志为核心的党中央保持高度一致，坚决维护党中央权威和集中统一领导，严守党的政治纪律和政治规矩，做到令行禁止；增强党内政治生活的政治性、时代性、原则性、战斗性，营造风清气正的党内政治生态，让两面人无处可躲、无处可藏。

第二，要铸牢理想信念、锤炼坚强党性。如习近平总书记所指出的，两面人的症结就在于世界观、权力观、事业观出了问题。可以说，马克思主义的世界观、人生观、价值观在两面人那里是“三观尽毁”。面对利益之诱，他们早已忘掉了共产党人的初心和使命。要将理想信念宗旨教育和忠诚老实教育相结合，消除两面人滋生的思想道德土壤。广大党员干部要加强党性教育，坚持用习近平新时代中国特色社会主义思想武装头脑，牢记党的宗旨，挺起共产党人的精神脊梁，解决好世界观、人生观、价值观这个“总开关”问题，在大是大非面前旗帜鲜明，在风浪考验面前无所畏惧，在各种诱惑面前立场坚定。

第三，要不断完善制度机制，把全面从严治党引向深入。一是要全方位、多角度地考察干部的“德”，防止失实失真。晚清名臣曾国藩说：“听其言量其心志，观其行测其力，析其作辨其才华，闻其誉察其品格。”因此，要听其言，更要观其行；既要看立场、看表态，更要看怎样去做，怎样去落实，怎样去行动；不仅要考察其工作表现，还要了解其对组织是否忠诚，包括重大事项报告、收入申报是否属实，“八小时之外”的表现，关键时刻的表现，面对“名、利、权、位”的态度等；不仅要问同事的看法，还要看人民群众的获得感幸福感安全感，加大群众意见在考核中的权重。通过健全党和国家监督体系，让两面人不能得利、无处遁形。二是要加大对两面人的惩戒力度，使两面人无处可遁。要聚焦政治立场、政治原则、政治担当和政治纪律，强化执纪监督问责，加强对党内政治生活状况、党的路线方针政策和民主集中制等制度执行情况的监督检查，严肃查处违背党的政治路线、破坏党内政治生态问题，严肃查处在党内培植个人势力、结成利益集团、利益输送相互交织等政治问题和腐败问题。

第四，要营造有利于弘扬坦坦荡荡、光明磊落价值观的良好环境。一些地方、一些单位出现的团团伙伙、拉帮结派、自行其是、阳奉阴违、尾大不掉、妄议党中央等两面人现象，其根源就在于其所处地方的政治文化不健康、政治生态不正常。一方面，培育良好的政治文化、政治生态必须从根子抓起，应以各种主题教育为切入点，大力倡导和弘扬忠诚老实、公道正派、实事求是、清正廉洁等价值观，旗帜鲜明抵制和反对关系学、厚黑学、官场术、潜规则等庸俗腐朽的政治文化，与各种破坏政治生态的行为作坚决斗争，扶正祛邪、激浊扬清、化风成俗，不断涵养良好政治生态。另一方面，选人用人导向对党内政治文化和政治生态建设具有“风向标”作用。[①]领导机关和领导干部要善于集思广益、从善如流，不搞家长制、一言堂，真正落实好干部标准，严把人选政治关、廉洁关、形象关，使那些讲实话、报实情、办实事、求实效，为党的事业尽心尽力的人得到褒奖，使那些搞形式、摆门面、欺上瞒下、哗众取宠的人没有市场，把知行合一的“实干家”“行动派”选出来、用到位，做大做强党的干部队伍。只有这样，忠诚老实的价值观才能得到广大党员干部的高度认同。

① 参见石平：《坚决反对搞两面派、做两面人》，载《求是》2018年第4期。

【延伸阅读】

弘扬忠诚老实价值观　坚决反对搞两面派做两面人

习近平同志在党的十九大报告中鲜明提出“坚决反对搞两面派、做两面人”，强调弘扬忠诚老实的价值观，这些要求具有很强的现实针对性。忠诚老实不仅是一种道德诉求，也是社会发展进步的内在要求，在人际关系、社会秩序、治国理政等领域发挥着重要作用。党员、干部必须弘扬忠诚老实的价值观，对党、对人民、对组织、对同志襟怀坦白、光明磊落、表里如一，把说老实话、办老实事、做老实人作为立身做人、干事创业的基本准则，旗帜鲜明地反对搞两面派、做两面人。

两面派、两面人口言善、身行恶。这种人没有信念，没有原则，没有立场，没有节操，只有一己私利。少数党员、干部搞上有政策、下有对策，有令不行、有禁不止，阳奉阴违、口是心非，台上台下不一样、人前人后不一样，这些都是搞两面派、做两面人的具体表现。少数党员、干部暗地里搞拉帮结派的山头主义、人身依附的宗派主义、我行我素的自由主义、不讲原则的好人主义、唯利是图的个人主义、游戏人生的享乐主义，这些各式各样的“主义”也都是对党不忠诚、不老实的表现，也可归结为搞两面派、做两面人。实践中，个别领导干部逢会必讲廉政、开口不离党风，但最后自己却因贪腐锒铛入狱，这就是搞两面派、做两面人的实例。

搞两面派、做两面人同党的性质和宗旨相违背，其危害显而易见。人无诚不立，家无诚不和，国无诚不宁。对于我们党来说，党员、干部对党忠诚老实是党的事业兴旺发达的重要保证。两面人理想信念淡漠、价值观念扭曲、奉献精神丢弃，已经丧失对党的忠诚，但在公开场合却又伪装忠诚。这种人一旦面临糖衣炮弹的袭击、金钱美色的诱惑、利益集团的围猎，很容易背叛初心、出卖灵魂，贪污受贿、腐化堕落。搞两面派、做两面人，不但败坏党的形象、恶化党内政治生态，而且给党的事业发展埋下重大隐患。

“对党忠诚”，这是每个党员入党时面向党旗进行入党宣誓时的庄严承诺；“维护党的团结和统一，对党忠诚老实，言行一致，坚决反对一切派别组织和小集团活动，反对阳奉阴违的两面派行为和一切阴谋诡计”，这是党章规定的党员必须履行的义务。这就要求党员、干部必须与党同心同德、心心相印，决不阳奉阴违、口是心非，搞两面派、做两面人。推进新时代党的建设新的伟大工程，要把党的政治建设摆在首位。加强党的政治建设，一项重要任务就是弘扬忠诚老实、公道正派、实事求是、清正廉洁等价值观，坚决反对搞两面派、做两面人。广大党员、干部应通过明大德、守公德、严私德来立政德，尤其要铸牢理想信念、锤炼坚强党性，在大是大非面前旗帜鲜明，在风浪考验面前无所畏惧，在各种诱惑面前立场坚定。

坚决反对搞两面派、做两面人，需要营造有利于弘扬忠诚老实价值观的良好环境。领导机关和领导干部要善于集思广益、从善如流，不搞家长制、一言堂，坚决杜绝闻喜则笑、闻忧则跳，报喜得喜、报忧得忧等现象发生，使那些讲实话、报实情、办实事、求实效，为党的事业尽心尽力的人得到褒奖，使那些搞形式、摆门面、欺上瞒下、哗众取宠的人没有市场。只有这样，忠诚老实的价值观才能得到广大党员、干部的高度认同。要完善相关制度尤其是选人用人制度，在选人用人时不仅要看党员、干部台上怎么讲，还要看台下怎么做；不仅要看人前怎么做，还要看人后怎么做。绝不能让搞两面派、做两面人的人得利，让忠诚老实的人吃亏。要严肃政治纪律，对搞有令不行、有禁不止、阳奉阴违的党员干部，必须根据情节和危害程度予以党纪政纪处分。要严惩腐败，严肃查处那些把法律和纪律挂在嘴上，背后却大搞权钱交易、官商勾结、利益输送的人。

（摘编自《人民日报》2018 年 4 月 4 日，作者：王寿林）

五、不能有权力上、地位上的优越感

2015 年 12 月 28 日至 29 日，习近平总书记在中央政治局专题民主生活会上强调：“中央政治局的同志不能有权力上、地位上的优越感。无论公事私事，都要坚持党性原则，都要加强自我约束，鼓励和欢迎下级和身边工作人员监督，不折不扣执行党的纪律和规矩。”“不能有权力上、地位上的优越感”体现了以习近平同志为核心的党中央对广大领导干部的基本要求，具有强烈的现实针对性，对于净化党风政风具有重要的指导意义。

（一）牢记权力是党和人民赋予的

党的十八大以来，习近平总书记多次强调，我们的权力是党和人民赋予的，是为党和人民做事用的，只能用来为党分忧、为国干事、为民谋利。习近平总书记的这个重要论断准确阐明了党的权力的来源和基础，深刻揭示了党的权力的根本性质和归宿，科学分析了党的权力运行程序和准则，为新时代广大党员干部正确认识和对待手中的权力，始终保持共产党人清正廉洁的政治本色，进一步增强执政意识、宗旨意识和公仆意识指明了方向。

第一，牢记权为民所赋，树立正确的权力观。

领导干部树立什么样的权力观，如何认识权力、怎样对待权力、为谁行使权力，是关系我们党治国理政的重大问题。近年来，经常出现个别领导干部的“雷人雷语”，实质上是他们没有搞清楚自己手中的权力是人民赋予的，从而把党性与人民性割裂开来。2013 年 11 月，习近平总书记视察山东菏泽时给市县委书记们念了一副对联：“得一官不荣，失一官不辱，勿道一官无用，地方全靠一官；穿百姓之衣，吃百姓之饭，莫以百姓可欺，自己也是百姓。”他说，对联以浅显的语言揭示了官民关系。古代社会对官员权力和民众的关系就有了这样的认知，今天我们共产党人更要牢记权力是人民赋予的。

马克思主义认为，人民群众是权力的主体，领导干部手中的权力来自于人民、服务于人民，这是马克思主义政党区别于其他政党的显著标志。是否坚持权力是人民赋予的，是区分唯物史观和唯心史观的分水岭，也是判断真假马克思主义政党的试金石。这个搞清楚了，才能敬畏人民、敬畏组织，才能正确地使用权力，权力才能造福于人民。

敬畏人民植根于人民赋予权力。要摆正自身位置。共产党员既是普通群众中的一员，又是普通群众的先进分子。共产党的干部不是高高在上的官老爷，而是重任在肩的人民公仆。作为党的领导干部，不论在什么岗位，不论职务高低，都要摆正位置。要不忘初心，把人民群众利益放在行使权力的最高位置，把人民群众满意作为行使权力的根本标准。

敬畏组织植根于组织授予权力。中国共产党是忠实代表人民利益的先进的政治组织，党的各级组织是我们党的生命线，也是党的力量所在。领导干部是由组织培养的，手中的权力来自于组织的授予，必须利用自己的岗位更好地履行人民公仆的义务。习近平总书记指出："必须遵循组织程序……重大问题该请示的请示，该汇报的汇报，不允许超越权限办事……必须服从组织决定，决不允许搞非组织活动……不得违背组织决定。"

第二，正确行使权力，做到依法用权。

权力是公器，领导干部是代表人民、代表国家行使权力。要正确行使权力，首先，要在党纪党规范围内行使权力。严守党的政治纪律和政治规矩，增强纪律、规矩意识，依规履职，依矩用权。要常思权力从哪里来、该怎么用，做到有令则行、有禁则止，自觉用党纪党规约束和规范用权行为，决不能超越党纪党规搞我行我素、自行其是。只有把权力关进制度的笼子里，党员干部特别是领导干部自觉接受纪律法规的制约，克服和抵制违纪违规行为，权力才会回归为民的本质，才能发挥应有的作用。其次，法无授权不可为。领导干部要带头做尊法学法守法用法的模范，搞清楚在法律制度规定范畴内什么权能用、什么事能干，任何时候都不能以言代法、以权压法、徇私枉法，确保权力在法治的轨道上运行。在现实生活中，一些领导干部法治意识淡薄，有法不依、违法不究、知法犯法。领导干部必须牢记法律红线不可逾越，自觉把对法治的尊崇、对法律的敬畏转化成谋划工作时的法治思维、处理问题时的法治方式，为全社会作出表率。再次，为人要公道正派。“公则不为私所惑，正则不为邪所媚。”领导干部手握国家公权，关乎民生休戚。要时刻牢记习近平总书记“公权为民，一丝一毫都不能私用”的告诫，严格按照政策办事，公平不倾斜、公正不护短、公道不藏私，以正律己、以公服人，赢得人民群众的拥护和支持。最后，要守住廉洁自律的用权底线。各级领导干部要把好廉洁从政这道关，担起廉政建设这份责，永葆共产党人清正廉洁的政治本色，做到一身正气、一尘不染。

第三，加强对权力的监督，做到阳光用权。

权力本身是一种客观存在的能量。如果用来为公众办事情，就会向着好的方面转化；一旦用来为个人牟取私利，就会向着有害的方向蔓延。从近年来查处的腐败案件看，党员领导干部尤其是“一把手”中的权力如果得不到有效监管，就可能任意审批项目、任性提拔干部、私自调拨款项……这便会引来一些商人老板的“围猎”和部分下属的依附追捧。对此，习近平总书记指出：“没有监督的权力必然导致腐败，这是一条铁律。”这就需要加快形成严密的法治监督体系，强化对权力的制约和监督，确保权力始终在阳光下运行。党的十九大报告提出：“构建党统一指挥、全面覆盖、权威高效的监督体系，把党内监督同国家机关监督、民主监督、司法监督、群众监督、舆论监督贯通起来，增强监督合力。”这就意味着各种监督方式要在党的统一领导下，相互联系、有效结合、有机运转，充分发挥各自作用，形成强大监督合力。这必将构筑起全方位、无死角的监督屏障，提高监督效率，增强监督实效，确保把所有公权力都关进制度笼子，确保党和人民赋予的权力真正用于为人民谋利益，不断厚植党执政的群众基础。

第四，认清权力就是责任，做到勤政用权。

权力意味着责任，没有离开责任的权力，权责对等是普遍规则。从权责对等的原则来说，享有什么样的权力，就应承担相应的责任。不管多么位高权重，不管多么声名显赫，都必须站稳脚跟、头脑清醒。肩上有千斤重担，脚下要步履铿锵。只有具备了这样的“定力”，才能识破权力带来的幻象而不被迷惑，才能经受住各种风浪考验。

现实中，一些领导干部被权力迷住了眼、冲昏了头，利欲熏心、迷失自我、恣意妄为，最终在飘飘然、昏昏然中走上了不归路。权力的幻象一旦被刺破，整天围在身边的“小弟”马上变脸，一天到晚推杯换盏的商人哥们儿立刻隐身……那些建立在权力之上的所谓友情或交情，必然会随着权力的失去而烟消云散。正如专题片《永远在路上》中重庆市人大常委会原副主任谭栖伟的忏悔：“没有这个权力，他不会找你办事，他就不会给你送钱，或者送这么多的钱。他交的是这个权，他不是交的我这个人……”遗憾的是，许多落马官员都是在东窗事发之后才意识到这一点的。

针对党的一些领导干部不能正确认识权力与责任的关系，责任担当缺失问题。《中国共产党问责条例》明确规定：“党组织领导班子在职责范围内负有全面领导责任，领导班子主要负责人和直接主管的班子成员承担主要领导责任，参与决策和工作的其他成员承担重要领导责任。”这是对权责对等规则的充分肯定和对权责关系的明确规定。

（二）无论公事私事都要坚持党性原则

党性是共产党人立身、立业、立德的基石。习近平总书记明确指出：“无论公事私事，都要坚持党性原则。”可以说，这是对党员干部加强自我约束，不折不扣执行党的纪律和规矩，规范行使权力的具体要求。

到底什么是党性原则？共产党人的党性原则包含着广泛的内容。党章规定的党员必须履行的八项义务，其实就是对党员党性八个方面的基本要求。应当说，衡量一个共产党员是否讲党性，可以从不同的角度进行考量，但至少表现在如下几个方面：是否理想信念坚定，树立正确的世界观、人生观、价值观；是否一切从实际出发，实事求是；是否能够真正践行党的群众路线，密切同人民群众的联系；是否严格遵守党的纪律，维护党的团结统一。总之，讲党性，就是党要求做的坚决贯彻执行，党不允许做的自觉远离，最根本的是与党同心同德，共产党员要姓“党”。

由此，共产党人规范行使权力的党性原则就是，党员干部应本着对党、国家和人民的事业负责的态度，自觉把政策制度、组织程序、纪律规矩、群众的监督当作“戒尺”置于心间，无论公事私事都应讲原则、讲程序、讲纪律、讲规矩。然而，在实际工作和生活中，这并不容易做到。

很多党员干部都会面对领导交办的事。对这样的事如何处理？这既考量党员干部的智慧，也考量其党性、原则、纪律和规矩。对领导负责的正确态度是，对领导交办的事也应握紧戒尺。对领导交待的“私事”，如果不违反原则、违背规矩，办办也无妨。如果破坏规矩和纪律，则该提醒的提醒，该解释的解释，该拒绝的拒绝。“欲知平直，则必准绳；欲知方圆，则必规矩。”然而，也有少数党员干部，对待领导交办的事，脑中没有规矩，手中没有戒尺，不管是非对错皆“一路绿灯”。有的唯上是从，只讲人情不讲规矩，只讲面子不讲原则，为领导办事就把规矩当作“变形金刚”，随意变通；还有的“看人下菜碟”，搞“选择性执行”，戒尺对“来头大的”不起作用。结果，办事时把纪律规矩放在一边，以致不该开的口子开了，不该破的规矩破了，不该办的事办了。等出了问题要问责时，再搬出“领导交办”做“挡箭牌”，一切都晚了。党的十八大以来，很多被查处的贪官所“带出的泥”，都会有一些为领导办事的党员干部，或秘书，或下属。[①] 这些人出事的一个共性，就是对领导交办的事忘了党性原则。

人情人情，人之常情。党员干部也是人，也有人之常情，一个很现实的问题，就是领导干部如何处理好感情与原则之间的关系。在这一点上，老一辈中国共产党人为我们作出了榜样。

毛泽东对家属子女的要求一向严格谨慎，他教育家人要不搞特殊。新中国成立之初，毛岸英被安排到政务院工作，毛泽东对此坚决不同意。他认为毛岸英不够资格进政务院工作，而应当到农村、工厂、部队去锻炼。由此可见毛泽东坚持党性原则，不占国家便宜，不失原则，不搞特权谋职位的优良作风。

“凡个人生活上能做的事，不要别人代办；生活要艰苦朴素；在任何场合都不要说出与总理的关系，不要炫耀自己……”周恩来反对任人唯亲的腐朽作风，认为新社会不能搞旧社会的裙带关系。他曾专门召开家庭会议，定下了“十条家规”。周恩来用自己的实际行动告诫党员领导干部如何把好权力关、亲情关。

习近平总书记就是在一个有着良好家风的革命家庭长大的。“我是农民的儿子”，这是习仲勋在家里常说的一句话。习仲勋经常教育孩子要靠自己的本事吃饭，鼓励子女到艰苦的地方去，到基层去，到祖国建设最需要的地方去。习近平 15 岁就离开家插队陕西延安地区延川县文安驿公社梁家河大队，锻炼自己。同来的知识青年大都是军队干部子弟，半年后大部分都当兵走了，习近平依然一人坚守。那时

① 参见桑林峰:《“领导交办的”也要用尺子量一量》，载《光明日报》2015 年 8 月 6 日。

的习近平开始真正融入那片土地，和农民不分彼此，自觉接受艰苦生活的磨砺，并从中品味出充实和快乐。这对他优秀品格的养成无疑产生了巨大的影响。

正确行使权力，面对亲戚、朋友和身边的工作人员，可以给予必要的帮助，但要是非分明，不能只讲亲情、友情，而忘了原则、法纪。然而，有些干部就是在这个问题上把握不住自己，对配偶、子女、朋友和身边工作人员提出的不合理要求，碍于情面，明知不对也不拒绝；对他们的错误不批评、不制止，反倒放任庇护，以致在错误的道路上越走越远，最后为亲情所累。回首过去，因为受身边人影响而最终走向腐败犯罪深渊的例子数不胜数。河南省开封市委原常委、组织部部长李森林，41 岁就成为厅级干部，本来大好的前途，却栽在了礼品礼金上。在忏悔录中，他说，“给我钱的，绝大多数都是打着人情往来的借口，我就是被这层面纱下的铜臭熏倒的”。广东省科技厅原厅长李兴华为了回报商人替儿子还赌债的人情，为相关企业申请科技扶持资金大开“绿灯”，在其刻意关照下，相关企业共获得科技扶持资金 9505 万元，后被判刑。“冰冷的手铐有我的一半，也有我妻子的一半。”这是重庆城口县人大原党组书记、主任于少东在忏悔书中的一句话。在于少东诸多犯罪事实中，有一条就是在五星级大酒店大操大办儿子的婚宴并收受礼金 200 多万元。他说，他自己很清楚大操大办婚丧喜庆、借机敛财是违纪行为。起初，他也不主张儿子操办婚礼，遗憾的是，他架不住儿子的“不办一场像样的婚礼，会后悔一辈子”的施压，以及妻子、亲家母和亲友的怂恿，带着一些侥幸心理，没有坚持住自己的想法。一桩桩鲜活的事例证明，当亲情变成以权谋私的“借口”，友情变成权钱交易的“幌子”时，亲情和友情已失去其纯真和本质，变成了导致腐败现象滋生的“诱因”，变成以权谋私者“自掘坟墓”的工具，其教训不可谓不深刻。为此，领导干部要牢记党性原则，做到依法办事、廉洁奉公。

（三）坚决反对特权思想和特权现象

党的十九大报告强调“持之以恒正风肃纪”，坚决反对特权思想和特权现象。“坚决反对特权思想、特权现象，保持对人民的赤子之心。”在十九届中央纪委二次全会上，习近平总书记再次谆谆告诫各级领导干部。坚决向特权现象说“不”，是新时代中国共产党人的坚定政治宣示。

所谓特权，顾名思义，是指个人或集团凭借经济势力、政治地位、特殊身份等在相关领域所享有的特殊权利或权力。[①] 这里的特权专指领导干部特权，指领导干部凭借政治、社会地位和工作职权而享有的特殊权力和特殊利益。由特权所衍生出的思想，就是特权思想，它是资产阶级腐朽思想和封建残余思想在现实中的反映，是滋生官僚主义、形式主义和脱离群众现象的总根源。

特权之特，在于与众不同、超出标准。我们党关于领导干部的待遇有明文规定，并且随着时代发展、工作需要不断调整完善。然而，一些领导干部总觉得自己的功劳和贡献“大过天”，再好的条件也“值得拥有”，把权力作为享受升级的筹码。违纪违法领导干部打着政治待遇的幌子，另立规矩、突破边界的大有人在。中央宣传部原副部长鲁炜频繁出入私人会所，大搞特权，作风粗暴、专横跋扈。陕西省咸阳市人大常委会原副主任刘辉，2014年借带队赴湖南、广西考察之机，违规绕道张家界、阳朔景区游览，花费公款2.1万元。浙江省宁

---

① 参见桑学成、王金水、苏礼轩：《保持党的先进性纯洁性必须反对特权思想》，载《光明日报》2013年4月10日。

波市原市长卢子跃，曾利用职务便利，多次安排公务用车从金华市接理发师到宁波市为其理发，每次都往返500千米。此外，“一人得道，鸡犬升天”，有的干部或抱有侥幸心理，或自恃手中权重，利用职权便利和职务影响，为亲属在入学、就业、提拔、办事等方面拉关系、走后门。“陈老师，你马上在全班当着所有师生给严某某道歉，否则，我通知你们集团领导来给我解释你对严书记的女儿说这话是什么意思！”2018年5月，成都某幼儿园家长群里的一组聊天截图，迅速演绎成以“严书记女儿”为标签的舆情事件，引起社会广泛关注。特权给这些领导干部带来的高人一等的优越感，让其沉醉一时，却不啻于割裂党群干群关系的“利刃”，严重败坏党的形象，其恶劣影响难以估量。

更为严重的是，脑海中一旦埋下特权的祸根，领导干部就远不止追求生活待遇的超标，特权思想往往成为滑向腐败深渊的指路标。既然在待遇上可以轻易越过红线，在管人、管事、用权上又有什么顾忌呢？比如说任人唯亲、唯钱，提拔使用干部没有民主集中制的概念，个人说了算，听不得不同声音，容不下与自己有不同意见的人。一旦他人插手干预或有不同意见，就视为对个人权威的挑战。有的作决策心血来潮或出于个人利益的目的，盲目上项目，出卖公共利益，最后留下一堆烂摊子，自己却拍拍屁股走人。有的利用管理权、审批权、执法权，打着“扶持企业发展”这个冠冕堂皇的旗号，为企业谋取不正当利益。有的领导干部让亲属甚至让毫不相干的人挂名，在前台经商办企业，自己则做后台老板，利用职务，无声无息、无痕无迹地影响揽工程、做项目、搞买卖。青海省海西蒙古族藏族自治州大柴旦矿区人民法院原院长朱志杰，就将公权力变为“特权”私用，违规为其亲属经营活动谋取利益，违规用公款支付温泉洗浴费用，派公车送孩子至成都上学。还有的“靠山吃山、靠水吃水”，比如，管电的可以不花电费，管医院的可以不花住院费，管学校的可以不花择校费，管交通的可以不花违章费，管高速公路的可以不花过路费等。江苏省阜宁县交通违章处理中心就曾发生这样一件事：一名工作人员不按顺序叫号，私自“照顾”插队的办事人员，还说“政府的车辆有特权，不用排号，排号就是针对老百姓的！”于是，一些领导干部对纪律规矩置若罔闻，任性滥权、肆意妄为，放任物欲、权欲野蛮生长，直至在腐败堕落的不归路上越走越远。

特权思想和特权行为也是政治生态和社会风气的污染源。若领导干部对特权情有独钟，必会带动一批党员干部趋之若鹜。他们看到，特权不仅是身份地位的象征，更是可以兑换现实利益的“香饽饽”，因此一有机会就挖空心思制造差异、处心积虑创造特权。因严重违纪而被查处的湖南省特种设备检验检测研究院怀化分院原党支部书记、院长吴卫华，从普通职工岗位一步步走上领导岗位，当领导时间长了，升官发财、光宗耀祖、做“人上人”的欲望变得越来越强烈。该院现任党支部书记、院长罗志坚评价他“狂妄自大，有特权思想”。如此一来，在人民群众眼中，共产党员哪还有点全心全意为人民服务的样子？此外，特权是最大的不公。领导干部滥用权力攫取稀缺优质资源，利用特权影响公共政策的制定实施，侵犯普通群众的合法权益和尊严，不可避免地让权力崇拜心理大行其道，使得找关系、走后门成为思维习惯和行为惯性，致使权力大过原则、“身份取向”凌驾于“公平取向”之上，最终使人人都无法免于受害。[①]

特权来自何处？来自“官本位”的傲气、“事君尽礼”的俗气、“光宗耀祖”的霸气，更来自党性不纯、信仰缺失、体制机制尚有漏洞、监督制约仍显乏力。一位环保局局长会说出“当官的就应该骑马坐

① 参见刘强：《迷恋特权是腐化堕落的根源》，载《中国纪检监察》2018年第7期。

轿”，一位窗口单位普通工作人员会对办事群众说出“领导优先”，某大学的职场礼仪课会给大学生讲授如何讨领导欢心，可见这种脱胎于几千年封建社会的宗法制度、官本位、等级制度等腐朽糟粕有着多么深厚的文化基础和群众基础。

纵观古今中外，因为统治集团享受特权、腐败盛行导致“政怠宦成，人亡政息”的例子比比皆是。君不见，苏联东欧共产党垮台的一个深刻教训，就是特权和腐败现象滋生蔓延，导致党严重脱离群众，失去向心力凝聚力。推倒韩国前总统朴槿惠被查、下台、获刑多米诺骨牌第一张的，不就是其“闺蜜”崔顺实帮女儿走后门进名校，且这位“千金”进了名校还那么高调张扬嘛！

特权思想与我们党的性质宗旨背道而驰，必须坚决抵制。“中国共产党党员永远是劳动人民的普通一员。除了法律和政策规定范围内的个人利益和工作职权以外，所有共产党员都不得谋求任何私利和特权。”这是写在党章中党员的基本条件之一，是我们党近百年来赢得群众拥护和支持的宝贵经验，也是我们党一以贯之反对特权的宣言书。新时代，必须继续将反特权思想和现象作为反腐败的重要任务，决不容许任何领导干部把党和人民赋予的权力作为谋取个人利益的工具。这不仅是党风廉政建设的重要内容，而且是涉及党和国家能不能永葆生机活力的大问题。

如何有效克服和治理特权思想、特权现象呢？主要有以下几点：一是必须着力形成“不想搞特权”的教育机制。二是必须建立健全“不能搞特权”的监督机制。三是必须严格执行“不敢搞特权”的惩戒机制。此外，要坚持问政于民、问需于民、问计于民，决不允许在群众面前自以为是、盛气凌人，决不允许当官做老爷、漠视群众疾苦，更不允许欺压群众、损害和侵占群众利益。值得一提的是，必须让权力在阳光下运行，只有让党员干部习惯在监督和约束中干事、习惯把自己真正当成人民的公仆，并让群众广泛参与民主监督，看到特权的消失，不再羡慕特权，才能逐步铲除特权现象，动摇特权思想的根基，换来海晏河清、朗朗乾坤。

【延伸阅读】

旗帜鲜明反对特权思想特权现象

“坚决反对特权思想、特权现象”，在学习贯彻党的十九大精神研讨班开班式上，习近平总书记对领导干部提出谆谆告诫。特权是绝对权力的一种表现，而“绝对权力导致绝对腐败”。哪里有特权，哪里就有不公，哪里就会滋生腐败。特权是一种危害极大的腐蚀剂，不仅割裂党同人民群众的血肉联系，而且直接侵蚀党和国家的制度根基。坚决反对特权思想、特权现象，成为当前正风肃纪的重要任务。

特权现象的表现

政治上的特权。一是用人上的特权。比如说任人唯亲、唯钱，提拔使用干部个人说了算，不酝酿、不协商、不讨论，一旦他人插手干预或有不同意见，就视为对个人权威的挑战。二是决策上的特权。有的领导干部特别是“一把手”，头脑中没有集体领导的意识，没有民主集中制的概念，凡事个人说了算，听不得不同声音，容不下与自己有不同意见的人。有的做决策心血来潮或出于个人利益，盲目上项目，出卖公共利益，最后留下一堆烂摊子，自己却拍拍屁股走人。

经济上的特权。一是搞权钱交易。有的利用管理权、审批权、执法权为企业谋取不正当利益，还打着“扶持企业发展”这个冠冕堂皇的旗号。二是通过亲属利用职务影响经商办企业捞钱。有的领导干部让亲属在前台经商办企业，自己则做后台老板，利用职务影响揽工程、做项目、搞买卖。更隐蔽的连亲属都不挂名，而是让毫不相干的人挂名，钱挣得无声无息、无痕无迹。

行业上的特权。就是通常所说的“靠山吃山、靠水吃水”。比如，管电的可以不花电费，管医院的可以不花住院费，管学校的可以不花择校费，管交通的可以不花违章费，管高速公路的可以不花过路费，等等。

生活上的特权。一是在住房、乘车等待遇上超标准；二是搞“一人得道，鸡犬升天”，利用职权便利和职务影响，为亲属在入学、就业、提拔、办事等方面拉关系、走后门，等等。

消除特权思想和特权现象的对策建议

靠教育。切实引导党员干部强化党性意识、宗旨意识、纪律规矩意识，坚定理想信念，传承党的优良传统作风，正确处理公与私、义与利、俭与奢、苦与乐、亲与清的关系，严格约束自己，严格家教家风，严格教育管理亲属和身边工作人员。

靠改革。历史上任何一项利益大调整都靠改革。商鞅变法、王安石变法就革除了奴隶主贵族和地主官僚的一些特权。我们的改革也是在不断地革除一些人的特殊利益，比如取消公职人员的福利分房，取消对高级干部的特供，实行公务用车制度改革等，都取得了明显成效。所以，解决特权问题的根本出路还要靠改革，将特权赖以生存的土壤铲除。

靠制度。邓小平同志说过，制度更带有根本性、全面性、稳定性和长期性。制度好可以使坏人无法任意横行，制度不好可以使好人无法充分做好事，甚至会走向反面。要把权力关进制度的笼子里，加强对权力的制约，形成有权必有责、用权必担责、滥权必追责的制度安排，有效防止有权任性。

靠监督。要把党内监督同国家机关监督、民主监督、司法监督、群众监督、舆论监督等贯通起来，形成监督的制度合力，特别要充分发挥群众监督的作用。领导干部生活在群众当中，一言一行、一举一动都逃不过群众的眼睛。应充分调动群众参与监督的积极性，让干部习惯在受监督和约束的环境中工作生活，让干部的特权行为、腐败行为无处遁形。

靠公开。公开是最有效的“防腐剂”。财务公开了就难以胡花乱用了，低保对象公开了就难以优亲厚友了，招投标公开了就难以搞暗箱操作了……将权力拿到阳光下晒，一晒治百病。凡是敢出来晒的，就是有接受监督的勇气；而那些不敢拿出来晒的，很可能就是心里有鬼。

靠惩治。惩治是最有效的预防。如果要特权即遭处理，搞腐败即受查处，那谁还敢去触碰“红线”？特权问题之所以禁而不止，其中一个重要原因就是查处不严，从而产生“破窗效应”。所以，在治理特权问题上，要坚持严肃惩治，坚持重遏制、强高压、长震慑，让党员干部知敬畏、存戒惧、守底线。

（摘编自《中国纪检监察报》2018 年 5 月 31 日，作者：王长久）

六、干部不能只想当官不想干事

习近平总书记强调:“干部就要有担当,有多大担当才能干多大事业,尽多大责任才会有多大成就。不能只想当官不想干事,只想揽权不想担责,只想出彩不想出力。”奋发有为是事业成功的主要因素。各级领导干部为政,就要意气风发、满腔热情,为官一任、造福一方;就要有“功成不必在我”的境界,像接力赛一样,一棒一棒接着干下去;就要有明知山有虎、偏向虎山行的劲头,积极寻找克服困难的具体对策,持续推进深化改革;就要有责任意识,主动去解决突出矛盾而不回避推卸,真正成为带领人民群众战风险、渡难关的主心骨。

（一）权力是用来为人民谋幸福的

全心全意为人民服务的宗旨是我们党行使一切权力的出发点和落脚点。权力是党和人民赋予的，是为党和人民做事用的，只能用来为党分忧、为国干事、为民谋利。领导干部与普通群众的区别就在一个“权”字，要正确行使权力，依法用权、秉公用权、廉洁用权，做到心有所畏、言有所戒、行有所止，处理好公和私、情和法、利和法的关系。

权为民所赋，利为民所谋。为谁谋幸福问题，是检验一个政党性质的试金石，是观测一个政权性质的风向标。中国共产党从诞生的那一天起，就把为人民谋幸福作为不变的初心，始终牢记“立党为公、执政为民”使命。90 多年来，经过一代又一代共产党人的不懈奋斗，党带领人民群众实现了从“站起来”到“富起来”的华丽转变，正在向“强起来”阔步前进。从权力的性质来看，我国宪法规定，中华人民共和国的一切权力属于人民，也就是说，党员干部手中的权力，不是哪个人的私器，也不是个别人的恩赐，而是人民赋予的。知道权从何来，才懂得权如何用。领导干部要划清权力的公私界限，恪守权力的民本取向，时刻铭记全心全意为人民服务，把权力行使转化成为人民谋幸福的磅礴力量。习近平总书记曾指出：“时代是出卷人，我们是答卷人，人民是阅卷人。”领导干部是不是真正为人民谋幸福，不能看官员们怎么说，不能看报纸上怎么写，不能看电视里怎么讲，关键要看群众满意不满意、答应不答应，最终要由人民来评判。只有把人民放在心中最高位置，把群众关切作为根本指向，把群众是否满意作为重要标准，权力才能用得其所。

人们不会忘记“孔繁森”这个名字，他是模范共产党员、优秀领导干部、100位“新中国成立以来感动中国人物”之一。1979年，孔繁森第一次赴西藏工作，担任日喀则地区岗巴县委副书记。在岗巴工作3年，孔繁森跑遍了全县的乡村、牧区，与藏族群众结下了深厚的友谊。1988年，山东省再次选派进藏干部，孔繁森带队第二次赴藏工作，担任拉萨市副市长，分管文教、卫生和民政工作。到任仅4个月的时间，他就跑遍了全市8个县区所有的公办学校和一半以上的村办小学，为发展少数民族的教育事业奔波操劳；为了结束尼木县续迈等3个乡群众易患大骨节病的历史，他几次爬到海拔近5000米的山顶水源处采集水样，帮助群众解决饮水问题；了解到农牧区缺医少药的情况后，他每次下乡时都特地带一个医疗箱，买上数百元的常用药，工作之余就给农牧民群众认真地听诊、把脉、发药、打针，直到小药箱空了为止。1992年底，孔繁森第二次调藏工作期满，西藏自治区党委决定任命他为阿里地委书记，这一任命意味着孔繁森将继续留在西藏工作。面对人生之路又一次重大选择，他毫不犹豫地服从了党的决定、人民的需要。阿里地处西藏西北部，平均海拔4500米，被称为“世界屋脊的屋脊”。这里地广人稀，常年气温在零摄氏度以下，最低温度达零下40多摄氏度，每年7级至8级大风占140天以上，恶劣的自然环境、艰苦的生活条件使许多人望而却步。1993年春天，年近50岁的孔繁森赴任阿里地委书记后，在不到两年的时间里，全地区106个乡他跑了98个，行程达8万多千米，茫茫雪域高原到处都留下了他深深的足迹。在孔繁森的勤奋工作下，阿里经济有了较快的发展。1994年，全地区国民生产总值超过1.8亿元，比上年增长37.5%。他为了制定把阿里地区的经济带上新台阶的规划，准备在最有潜力的边贸、旅游等方面下功夫。为此，他曾率领相关单位，亲自去新疆西南部的塔城进行边境贸易考察。1994年11月29日，他在完成任务返回阿里途中，不幸发生车祸，以身殉职，时年50岁。在孔繁森的葬礼上，悬挂着一副挽联，形象地概括了孔繁森的一生，也道出了藏族人民对他的怀念："一尘不染，两袖清风，视名利安危淡似狮泉河水；两离桑梓，独恋雪域，置民族团结重如冈底斯山。"

为官避事耻，实绩暖人心。习近平同志在浙江工作时强调："对领导干部来说，为一方经济发展，为一方百姓造福，应该有政绩，也必须追求政绩。"共产党人的政绩，就是做暖人心、稳人心的事，就是解决群众最关心、最迫切需要解决的问题。一个干部如果对职责无所用心，该挑的担子不挑，该抓的工作不抓，需要站出来时畏首畏尾，就是尸位素餐、严重失职；一个干部树政绩如果是为了给自己留名，替自己立碑，为自己邀官，这样的干部就根本做不到求真务实，根本不可能替群众负责，根本不可能专心致志抓落实。庸官当治，懒政当息，人民公仆决不能对人民不负责任。党看干部就是看肩膀，看能不能负重，能不能"超负荷"。党的领导干部要以"志不求易、事不避难"的自觉，拿出骏马追风、驰而不息的踏实精神，真正担当起党和人民赋予的重托。同时，领导干部对个人的名誉、地位、利益，要想得透、看得淡，决不能为了树立个人形象，搞华而不实、劳民伤财的"形象工程""政绩工程"。迈入伟大的新时代，人民群众对美好生活的向往更加强烈。如此环境下，尤须广大党员干部扛起责任担当，撸起袖子加油干，誓将为人民谋幸福进行到底。唯有如此，才能在全社会形成百舸争流、千帆竞发的生动局面，推动党和人民的事业不断向前发展。

除利己主义，做"三严三实"干部。如何让为政者在严格的法律法规、规章制度约束下勤勉尽职，这是古今中外的执政党始终研究探索的难点问题。随着全面从严治党不断深入推进，一种"当官不易"的说法悄然而兴。有人以此为借口，整日吐槽待遇低、任务重，向组织上“半真半假”讲条件，否则就撂挑子，躺倒不干；有的积极性不高，只要不出事、宁愿不做事，做一天和尚撞一天钟；有些部门门好进、脸好看、话好说，但办事不灵了，对于工作任务和群众需求能躲就躲、能拖就拖。任由这些不良情绪与做法蔓延开去，就会极大妨碍中央政策的执行，降低党和政府在人民群众中的公信力与满意度。对此，习近平总书记提出“三严三实”的要求，一再强调领导干部要“严以修身、严以用权、严以律己，谋事要实、创业要实、做人要实”。这样的要求，将党员干部的政治品格、做人准则，修身之本、为政之道、成事之要等集中为一体，强调了“党的干部都是人民公仆，自当在其位谋其政，既廉又勤，既干净又干事”的执政观念，从根本上解答了历史难题。“三严三实”是领导干部的修身之本、为政之道、成事之要。我们的领导干部并不讳言做官，做官本身也是为人民服务的途径，关键是应明白谁先谁后，孰轻孰重。对各级干部来说，干事应成为最基本的价值取向，不因财贿动其心，不因爵禄移其志，不因困难废其衷，做事在前、做官在后，服务为重、官位为轻，确保如期全面建成小康社会。

（二）不能只想揽权不想担责、只想出彩不想出力

习近平总书记指出：“干部干部，干是当头的，既要想干愿干积极干，又要能干会干善于干，其中积极性又是首要的。”“干”字当头才是干部本色。领导干部只有沉下心来，真心愿干、公心敢干、用心实干、匠心巧干，我们的党才有力量，我们的国家和民族才有希望。

选择了为官，就意味着选择了奉献。当前，执政考验、改革开放考验、市场经济考验、外部环境考验，都在考验共产党人的意志、品格和能力。作为党员干部，就要对党忠诚、为民负责，就要始终坚持

全心全意为人民服务，就要随时准备为党和人民牺牲一切。如果只想当官不想干事，只想出彩不想出力，既对不起党和人民，也对不起岗位和职责。要把全部心思和精力用在干事创业上，以“不破楼兰终不还”的韧劲，锐意进取、开拓创新，为党的事业兴旺发达和人民生活幸福安康贡献力量。习近平在河北正定工作时，经常骑着自行车下乡，从滹沱河北岸到滹沱河以南的公社，每次骑到滹沱河沙滩就得扛着自行车走。回忆这段工作，他说：“我认为认认真真地当好共产党的‘官’是很辛苦的。我也没有听到哪一个称职的领导人说过当官真舒服。”当干部就要真干，“不干，半点马克思主义也没有”。为官一任，就要造福一方，不能干一年、两年、三年还是涛声依旧，每年都是重复昨天的故事；当干部就要苦干，在领导岗位上即使工作苦些、累些，心里是充实的。在其位，谋其政，担其责。各级各地党员干部特别是领导干部，无论在何时何地何种情况下，都必须强化公仆意识，心系万家灯火，牵挂百姓福祉，低调务实、少说多干。

有多大担当，就意味着干多大事业。习近平总书记指出：“担当就是责任，好干部必须有责任重于泰山的意识，坚持党的原则第一、党的事业第一、人民利益第一，敢于旗帜鲜明，敢于较真碰硬，对工作任劳任怨、尽心竭力、善始善终、善作善成。”敢担当是领导干部必须具备的基本素质，体现着干部的胸怀、勇气、格调。敢于担当，就是面对大是大非敢于亮剑，面对矛盾敢于迎难而上，面对危机敢于挺身而出，面对失误敢于承担责任，有多大担当才能干多大事业，尽多大责任才会有多大成就。遇到困难，不畏惧、不气馁、不骄躁、不抱怨；直面挑战，到困难最多、矛盾最大、条件最艰苦、群众最需要的地方去。1962 年，焦裕禄到兰考上任前，党组织与他谈话时明确提出，兰考是一个最穷的县，一个最困难的县，要他在思想上有经受最严峻考验的准备。面对十分严重的自然灾害，焦裕禄没有被困难所吓倒，他立下“不治好‘三害’（内涝、风沙、盐碱），死不瞑目”的誓言，以“革命者要在困难面前逞英雄”的大无畏气概，带领干部群众创造性地开展“三害”治理，最终在重重困难中闯出了一条生路。当前，我国正在经历社会转型期、经济调整期和矛盾凸显期，中国特色社会主义道路上充满了情理之中与意料之外的困难、矛盾和问题，迫切需要党员干部主动承担党和人民赋予的各项急难险重的任务，对党忠诚、为党分忧，勇于做事、敢于担当，直面矛盾、大胆创新，做新时代的“劲草”“真金”。

多出一份力，就意味着更可能出彩。每一次“出力”，都是对领导干部意志品质、创新能力和工作方法的全面挑战。赢得了这种挑战，人生就得到历练，就会获得更多机遇。“君子不患位之不尊，而患德之不崇；不耻禄之不伙，而耻智之不博。”只想当官不想干事，只想揽权不想担责，只想出彩不想出力，就没有资格做领导工作。各级领导干部要始终做到心中有党、心中有民、心中有责、心中有戒，高标准完成各项任务，切实肩负起使命责任。要时时心系百姓，厚植为民爱民情怀，时刻把群众的安危冷暖放在心里，在问政于民中维护好群众利益，在问需于民中解决好群众诉求，用干部的辛苦指数换取群众的幸福指数。当前，人民群众在教育、就业、养老、住房、社会保障、医疗卫生等方面，还有许多不满意的地方。回应民众期待，领导干部要敢于用改革去解决前进中的问题，要善于用发展去补齐民生上的短板，真正让改革红利惠及人民，让发展成果由人民共享。同时，领导干部要善于用时代的眼光和发展的观点分析、思考问题，用改革的精神和科学的态度研究解决问题。要善于学习，在干中学、在学中干，做到干一行、爱一行、精一行、成一行。要善于搭政策的“顺风车”，借势发力、顺势而为，大胆创新、另辟蹊径。只要是出于党性和事业大局，不碰触法律底线，不从中谋取私利，就该大胆试、大胆闯。只有出力才能出彩，这是千古不变的真理。党员干部特别是领导干部必须时刻为党和人民努力工作，才有可能使自己的人生绽放光彩、收获精彩。

（三）要有“功成不必在我”的境界

习近平在《之江新语》中《要甘于做铺垫之事》的文章开篇就谈道:“领导干部要以正确的政绩观为指导，抓好各项工作。‘功成不必在我’，要甘于做铺垫性的工作，甘于抓未成之事。”领导干部要多做打基础、增后劲、利长远的事情，力戒形式主义、官僚主义，在苦干实干中创造出经得起实践和历史检验的业绩。

“功成不必在我”是一种崇高的思想境界。“功成不必在我”，就是每个领导干部为工作和事业作出最大贡献，但工作和事业的成功未必在我手中、在我任期、在我有生之年看到或实现。“功成不必在我”，不是消极、怠政、不作为，而是要牢固树立正确的政绩观，既要做让人民群众看得见、摸得着、得实惠的实事，也要做为后人做铺垫、打基础、利长远的好事，既要做显绩，也要做潜绩，不计较个人功名，追求人民群众的好口碑、历史沉淀之后真正的评价。“功成不必在我”是愿抓未成之事的执着坚持，是甘当铺路之石的无私奉献，是正视显绩潜绩的宽广胸怀，更是“舍个人小利，谋千秋大利”的高尚品格。“功成不必在我”深刻揭示了长远利益与眼前利益、国家利益和集体利益与个人利益之间的辩证关系，对于解决一些领导干部工作中存在的急功近利思想倾向具有重要指导意义和现实针对性。

现实中，有些干部在工作和事业中容易犯急于求成的冒进主义错误，原因就是“功成必定在我”的政绩观在作怪。有的领导干部踏上领导岗位后急于烧“三把火”，求新求大，认为“接着干”索然无味，不足以显示个人成绩，将许多行之有效、群众认可的经验做法弃之不用，对一些新项目、新方法没有经过反复思虑和沉淀就急于上马。有的领导干部忽视群众利益，急功近利，甚至竭泽而渔，搞出许多“形象工程”“政绩工程”“面子工程”等，华而不实、劳民伤财。还有的领导干部纠结于“功劳算到谁头上”，不搞调查研究，空洞口号满天飞，搞“兜底翻”，最后造成“半拉子工程”“尾巴工程”等，成为几代人的建设包袱。这些现象和做法导致人力、物力、财力的巨大浪费，党员群众对此很有意见，根本解决之法就是培塑“功成不必在我”的思想境界。

社会主义事业也不可能一蹴而就、转瞬即成，需要一代又一代人砥砺奋进。今天，我们比历史上任何时期都更接近、更有信心和能力实现中华民族伟大复兴的目标。这不仅是当代共产党人领导人民推动社会进步、促进发展改革、增进民生福祉的成果，更有许许多多为事业筑基础、搭桥梁的伟大设计师、伟大工程师们夙兴夜寐、鞠躬尽瘁的铺垫。今天，尽管我们站上了前人的肩膀，立足在新时代的起点之上，但中华民族伟大复兴，绝不是轻轻松松、敲锣打鼓就能实现的。全党必须准备付出更为艰巨、更为艰苦的努力。面对新时代的新要求、新挑战，我们仍然有不少领域还处在逢山开路、遇水搭桥的摸索阶段。必须要继承和发扬不求功绩、只求实效，不谋虚功、只谋实干的境界和胸怀，不仅要握紧“接力棒”，更要传好“接力棒”，一张蓝图绘到底、一任接着一任干，朝着实现中国梦砥砺奋进。

既有“功成不必在我”的境界，又有“建功必定有我”的担当。历史唯物主义在肯定人民群众创造历史决定作用的同时，又承认个人对社会发展的影响作用甚至重大影响作用。“功成不必在我”，但“建功必定有我”。党和人民的事业只有进行时，没有完成时。党员领导干部肩负着治国理政的重任，是党和人民事业的柱石。要坚定理想信念、牢记宗旨意识、强化党性锤炼，强化政治意识、大局意识、核心意识、看齐意识，统筹兼顾、运筹帷幄，不贪一时之功，不图一时之名，甘为铺路石、甘为孺子牛，为工作和事业尽心尽力作出最大贡献，最大限度地减少失误、错误，让所做的工作和事业发挥长期性、长效性的作用。唯事业长留天地间，如欧洲文艺复兴时期的西班牙小说家、剧作家、诗人塞万提斯在小说《堂吉诃德》中所说，“我的丰功伟绩，值得浇铸于青铜器上，铭刻于大理石上，镌于木板上，永世长存。当我的这些事迹在世上流传之时，幸福之年代和幸福之世纪亦即到来”。

【延伸阅读】

读懂“功成不必在我”的深意

“一张蓝图绘到底，一任接着一任干。”习近平总书记 2018 年 4 月 13 日在庆祝海南建省办经济特区 30 周年大会上发表重要讲话，强调要有“功成不必在我”的精神境界和“功成必定有我”的历史担当。这一重要论述不仅是对海南干部提出的殷切期望，而且为各级领导干部树立正确政绩观提出明确要求，对实现“两个一百年”奋斗目标具有很强的针对性和指导性。

为官一任，造福一方。领导干部都希望自己在任期内干出一番业绩来，这本无可厚非，也值得期盼。但是，一些领导干部往往在工作中滋生出一种急功近利的意识，表现为心浮气躁，期盼“立竿见影”，企图“拔苗助长”，幻想“一口吃成个胖子”，于是热衷于搞“面子工程”“形象工程”，满足于看得见、摸得着、费力少、见效快的“显绩”，对那些不显山、不露水、周期长、见效慢的“潜绩”则不上心。这种急于求成的思想，往往心急吃不了热豆腐，常常是欲速则不达，甚至造成资源的浪费和资产的流失。

事实上，“显绩”固然重要，“潜绩”更加可贵。合抱之木，生于毫末；九层之台，起于累土。只有打好基础、管好长远，才能稳扎稳打、行稳致远。当前，推进“五位一体”总体布局和“四个全面”战略布局是一篇大文章，需要统筹联动、相互促进、全面发展，这就要求领导干部树立系统思维，贯彻新发展理念，树立正确的政绩观，从思想上和工作上摆正“显绩”与“潜绩”的辩证关系，自觉抵制浮躁浮夸、急功近利的不良思想和行为，切实把那些基础性工作摆上位、认真抓，潜下心来，扑下身子，用心投入，出实招，办实事，求实效，多办为后人作铺垫、打基础、利长远的实事，多做顺民心、惠民生、利发展的好事，多创造惠及长远、造福后代的潜绩。唯有如此，才能实现好、维护好、发展好人民群众的利益，为经济社会的长远发展注入持续动力。

当然，领导干部不能把“功成不必在我”作为安于现状的托辞，不能作为不思进取的借口。各级干部要强化责任担当，不驰于空想、不骛于虚声，反对因循守旧，防止故步自封，避免墨守成规，积极出思路、作决策、主动抓发展、促落实，勇做撸起袖子加油干的行动派，不做消极等待、无所作为的“守摊人”。要摒弃功利思维，发扬“钉钉子”的精神，一锤一锤钉下去，做到坚定信心、下定决心、保持恒心，一个声音喊到底，一股劲儿抓到底，确保各项工作扎实推进，不搞花架子，不做表面文章，不搞形式主义，努力使一切工作都经得起实践、群众和历史的检验。

新时代是奋斗的时代。各级领导干部既要有“功成不必在我”的境界和格局，又要有“功成必定有我”责任和担当，不忘初心、牢记使命，坚持以人民为中心的发展思想，埋头苦干、真抓实干、奋发有为、不懈进取，为夺取新时代中国特色社会主义伟大胜利建功立业。

（摘编自中国共产党新闻网 2018 年 4 月 16 日，作者：胡军）

七、不能搞“一言堂”

习近平总书记明确指出：“凡是重大事项的决策，必须严格贯彻党的民主集中制原则，不能搞‘一言堂’，不能由个人或少数人说了算，而应该搞‘群言堂’，依靠集体智慧和严格程序来决定；凡是与群众利益密切相关的重大事项，能公开的都要依照法律和规定向群众公开，充分听取群众意见。特别是在行使选拔任用干部权、行政审批权和在经济方面行使财政资金使用、固定资产运营、金融资本运作、土地使用权出让等重要权力时，更要自觉接受监督，防止权力失控、决策失误和行为失范。”

（一）党内决不允许搞家长制、“一言堂”

所谓家长制，是指在奴隶社会和封建社会中，作为家中的长者掌握财产所有权和成员处置权，在家庭中居支配地位，其他成员都必须服从，是家长拥有绝对统治权的一种家庭制度。所谓“一言堂”，是指旧时商铺不讨价还价的术语。家长制、“一言堂”等词汇用在与政党有关的语境下，则是指在党内生活中，个人决定党内重大问题的独断专行的家长式领导作风：个人意志凌驾于组织原则之上，“一把手”说了算，不允许出现不同声音，不允许他人提出意见，个人主义、本位主义作风严重。

当前，我国仍处于社会主义初级阶段，受计划经济体制和传统思想的影响，家长制、“一言堂”现象仍在一些领导干部特别是“一把手”中存在。许多地方、部门或单位的“一把手”，权力很大以致无所顾忌，上级鞭长莫及，同级无可奈何，群众敢怒而不敢言。（1）用人“一句话”。虽然党中央出台实施了《党政领导干部选拔任用工作条例》等一系列党纪法规，推行常委会或全委会票决制，但是在实际操作过程中，有的“一把手”将制度和程序玩弄于股掌，搞先拍板后走程序，通过所谓的“酝酿”或“引导”，把个人意图最终变成集体意志，使制度和程序形同虚设，导致出现“跑官要官”“买官卖官”“造假骗官”“违规提拔”等恶劣现象。例如，山东省菏泽市委原常委、统战部原部长刘贞坚在担任巨野县县委书记期间，收受下级有关职级晋升、职位调整方面的贿赂，涉及巨野县县级干部 7 人、县直部门主要负责人 10 人、乡镇主要负责人 17 人，完全毁坏了巨野的政治生态。（2）花钱“一支笔”。我国行政企事业单位财务开支实行单位负责人审批的制度，由“一把手”审核签字，再由财务人员据以报销。在缺乏制约和监督的情况下，有些“一把手”利用手中的审批签字权进行公款吃喝、以权谋私、贪污受贿、违法乱纪。例如，中国建设银行原行长王雪冰就利用审批签字权为他人谋取利益，致使 3400 万美元的贷款本息难以全部追回。这是家长制、“一言堂”现象在财务管理上造成的严重恶果。（3）决策“一张纸”。一些领导干部尤其是“一把手”在重大事项决策过程中一意孤行，习惯“拍脑袋”，往往是“眉头一皱，计上心来”，个人拍板定案，既不进行专家论证，也不听取班子意见，把政府的命令或决定随意当作个人的“命令”或“决定”，于是出现许多荒唐可笑甚至违法违规的“红头文件”。例如 2004 年，湖南省人事厅和卫生厅联合发布的《湖南省国家公务员录用体检试行办法》中规定报考女公务员必须“乳房对称”；2006 年，湖北省某市政府办公室下发红头文件，给市直机关和各乡镇农场下达喝酒任务，全市各部门全年喝某品牌系列酒价值总目标为 200 万元，完成任务的按照 10% 奖励，完不成的通报批评；同年，河南省某市出台的红头文件规定，投资 5000 万元以上或符合其他条件的外地客商可享受本地开车违法不罚款、娱乐场所消费不受查、子女就学不审核等 12 项优厚待遇，被当地群众讽刺为“超国民待遇”。一系列令人咋舌的文件规定让舆论哗然，而这种家长式专断决策严重损害了党和政府的形象。

家长制、“一言堂”对于我国的民主法治建设和经济社会整体发展有诸多危害。一是严重破坏民主集中制原则，影响党内民主的健康发展。家长制、“一言堂”以个人专断取代集体领导，以个人意志代替集体智慧，个人凌驾于组织之上，使党的民主集中制无法得到贯彻落实，使党的领导和组织原则变成了“多数服从少数”“集体服从个人”，使一切对权力的监督和制约沦为空谈，严重破坏了党的民主生活秩序。二是容易滋生腐败现象，严重破坏党在人民群众心中的形象。从近年来查处的腐败案件来看，许多领导干部违纪违法问题背后都有家长制、“一言堂”的影子。“一把手”位高权重，一旦出问题，最容易带坏班子、搞乱风纪，“塌方式”腐败常与“一把手”腐败高度相关。绝对的权力导致绝对的腐败，这是万古不易的经验教训。“一把手”将决策权、执行权和监督权集于一身，掌握人事、财务等重大事项，一些监督机制就不能有效地发挥作用，在金钱、美色的诱惑下，把权力当作工具，最终走向了腐败的深渊。家长制、“一言堂”是权力放纵的表现，结果也必然走向腐败。三是严重破坏社会主义法治建设。家长制、“一言堂”现象从本质上讲，是与我们今天建设社会主义民主政治和法治国家背道而驰的。一些“一把手”在施政过程中，不顾党纪国法，打击报复不同意见，随意使用暴力执法，肆意侵犯他人权益，无视相关规章制度，甚至干涉司法、影响司法独立，严重阻碍了我国社会主义法治进程。四是极易造成决策失误，严重影响经济社会发展。家长制、“一言堂”式的决策过程，往往缺乏充分的民主讨论与科学论证，所以造成不少决策失误，严重浪费了国家的人力、物力和财力，严重影响经济和社会发展。

位高不能擅权，权重不能谋私。要有效杜绝一言堂、家长制，一方面，要强化党内监督，用刚性制度保证领导干部正确用权、廉洁用权，警醒领导干部自觉接受组织和群众监督，避免跌入腐败的陷阱。另一方面，就是要坚持、完善和落实民主集中制。

（二）加强对“一把手”的监督

习近平总书记在十八届中央纪委六次全会上强调：“要抓住‘关

键少数’，破解一把手监督难题，领导干部责任越重大、岗位越重要，就越要加强监督。”《中国共产党党内监督条例》进一步明确：“党内监督的重点是党的领导机关和领导干部特别是主要领导干部。”“一把手”是一个地区、单位和部门中的“关键少数”。如何加强对“一把手”权力的制约和监督，确保其沿着制度化、法治化的轨道有效运行，已成为一个亟待解决的理论和现实课题。

“一把手”在领导班子和全局工作中处于核心地位、起着关键作用，是党执政治国的骨干力量。加强对各级“一把手”的监督，规范其从政行为，是深入推进反腐败斗争的一项重要工作。党内不允许有不接受监督的特殊党员，杜绝家长制、“一言堂”的治本之策还在“监督”二字。监督是权力正确运行的根本保证，是加强和规范党内政治生活的重要举措。把权力关进制度的笼子里，形成不敢腐的惩戒机制、不能腐的防范机制、不想腐的保障机制，重点就是要加强对权力运行的制约和监督，特别是对“一把手”的监督。

“一把手”通常位高权重责任大，因而对“一把手”的权力制约和监督一直是个难点。在中央纪委第四轮扶贫领域问题线索重点督办中，20个省区的纪检监察机关对涉及的46件问题线索进行了调查核实，查实115个具体问题，388名责任人受到处理。其中，“一把手”比重较大，占比过半。在全面从严治党的大背景下，此类问题依然出现，充分说明我们在对“一把手”的监督方面还存在空白。对“一把手”监督到底难在哪里呢？上级监督太远——上级监督虽有效，但常常缺乏连续性和全面性，出现上级组织对下级干部监督“鞭长莫及”的情况。同级监督太软——同级监督虽直接，但监督主体受制于监督客体，难以真正发挥作用。下级监督太难——下级组织对上级领导干部监督缺乏制约力，实际效果不够理想。干部群众监督虽然广泛，但无力监督、无法监督。同时，监督资源和力量缺乏有效整合，各级党组织、纪检监察机关、组织人事部门、巡视机构等党内监督与人大、政协、审计、司法部门等党外监督的职责，既交叉重叠又时有疏漏，既相互推诿又相互脱节，影响了监督整体合力的发挥。还有一些监督制度过于笼统，针对性和可操作性不强，很难发挥监督效力。

由此，必须整合各种监督力量和方式，明确监督责任，推进常态化、科学化、规范化，做到有力度、无死角、保常态。一是加强上级监督。上级党组织要多了解下级“一把手”日常的思想、工作、生活状况，多注意干部群众对下级“一把手”问题的反映，多听取下级领导班子成员对“一把手”的意见，特别是在干部提拔、重大事项决策等重大关口，及时了解、严密监督。二是加强同级监督。加强对同级党委履行职责、行使权力的监督，是党内法规赋予纪委的一项重要职责。《中国共产党党内监督条例》第二十六条规定，“党的各级纪律检查委员会是党内监督的专责机关，履行监督执纪问责职责”，要“加强对同级党委特别是常委会委员、党的工作部门和直接领导的党组织、党的领导干部履行职责、行使权力情况的监督”。同级纪委要定期将同级领导班子成员特别是“一把手”落实主体责任、执行民主集中制、廉洁自律等情况向上级纪委报告。同时，还要完善领导班子议事制度，对集体讨论事项，每个班子成员必须亮明态度并记录在案；建立干部选拔任用问责制度，做到谁提名、谁考察、谁负责。三是加强党内民主监督。营造党内民主监督环境，畅通党内民主监督渠道。全体党员要增强监督意识，履行监督责任，在党的会议上和干部提拔、领导干部述职述廉等环节对“一把手”实施监督。四是加强党外监督。建立由纪检监察机关与组织人事、审计、财政、司法等部门参加的监督工作联席会议制度，明确分工、落实责任。发扬民主、推行公开，进一步畅通群众监督渠道，丰富完善群众参与监督的实现形式，把“一把手”置于广大人民群众的监督之下。加强人大、政协、媒体网络乃至社会各界对“一把手”的监督，形成监督合力。

（三）严格贯彻民主集中制

民主集中制是党的根本组织原则，是党内政治生活正常开展的重要制度保障。坚持民主集中制是强化党内监督的核心。强化党内监督，必须坚持、完善、落实民主集中制，把民主基础上的集中和集中指导下的民主有机结合起来，把上级对下级、同级之间以及下级对上级的监督充分调动起来，确保党内监督落到实处、见到实效。

习近平总书记指出：“民主集中制是我们党的根本组织制度和领导制度，它正确规范了党内政治生活、处理党内关系的基本准则，是反映、体现全党同志和全国人民利益与愿望，保证党的路线方针政策正确制定和执行的科学的合理的有效率的制度。”贯彻民主集中制是集体领导必需、党内监督必查、工作失职必究的刚性制度，是领导干部必修的“基础课”、必备的“基本功”、必守的“硬规矩”。

“一把手”能否带头贯彻执行民主集中制，决定着整个班子执行民主集中制的质量。现实案例亦雄辩地证明，党组织主要负责人带头违反集体领导制度，是民主集中制贯彻不力的重要原因。一旦大权在握，一些领导干部就会追求快意用权，特权思想膨胀，想方设法规避制度、破坏程序。如果党组织主要负责人没能起到表率作用，而班子成员又缺乏担当精神和党性原则，不敢进行批评与自我批评，甚至表面默许、背后搞小动作，那么民主集中制无异于形同虚设。

为此，党的十八届六中全会通过的《关于新形势下党内政治生活的若干准则》专门对贯彻执行民主集中制的问题进行了规定。各级党委（党组）必须坚持集体领导制度，实行集体领导和个人分工负责相结合，把民主基础上的集中和集中指导下的民主有机结合起来，任何组织和个人在任何情况下都不允许以任何理由违反这项制度。凡属重大问题，要按照集体领导、民主集中、个别酝酿、会议决定的原则，由集体讨论、按少数服从多数作出决定，不允许用其他形式取代集体领导。落实党委（党组）议事规则和决策程序，健全常委会向全委会定期报告工作并接受监督制度，坚决反对和防止独断专行或各自为政，坚决反对和防止议而不决、决而不行、行而不实，坚决反对和防止以党委集体决策名义进行违规操作。

党委（党组）主要负责同志必须发扬民主、善于集中、敢于担责。在研究讨论问题时要把自己当成班子中平等的一员，充分发扬民主，严格按程序决策、按规矩办事，注意听取不同意见，正确对待少数人意见，不能搞“一言堂”甚至家长制。支持班子成员在职责范围内独立负责开展工作，坚决防止和克服名为集体领导、实际上个人或少数人说了算的状况，坚决防止和克服名为集体负责、实际上无人负责的状况。在党的工作和活动中，该以组织名义出面的不能以个人名义出面，该由集体研究的不能个人擅自表态，不允许用个人主张代替党组织的主张、用个人决定代替党组织的决定。

领导班子成员必须增强全局观念和责任意识，在研究工作时充分发表意见，决策形成后一抓到底，不得违背集体决定自作主张、自行其是。坚决反对和纠正当面不说、背后乱说，会上不说、会后乱说，当面一套、背后一套等错误言行。坚持讲原则、讲规矩，共同维护坚持党性原则基础上的团结。领导班子成员必须坚决执行党组织决定，如有不同意见可以保留或向上一级党组织提出，但在上级或本级党组织改变决定以前，除执行决定会立即引起严重后果等紧急情况外，必须无条件执行已作出的决定。领导班子成员分工须按规定向上级党委报备，无正当理由、未向上级党委报备不得调整。领导干部要自觉服从组织分工安排，任何人都不能向组织讨价还价、不服从组织安排。

领导干部不准把分管工作、分管领域和地方当作“私人领地”，不准搞独断专行。

各级党委书记要带头执行民主集中制。书记是一班之长，要带头执行民主集中制，不能把“班长”当成“家长”。要按照程序进行决策，特别是涉及资金、项目、用人等重大问题，要经过集体研究，不能搞个人专权。要善于把党委一班人、几大班子和各级干部的智慧集中起来，做到总揽不包揽、分工不分家、放手不撒手。要有胸怀，能容人容事，注意听取班子成员意见，带头增进和维护县委班子团结。当然，讲团结不是要搞一团和气，讲和谐不是要“和稀泥”。在大是大非问题上，要有正确立场和鲜明态度，敢于站出来说话，敢于表明自己的态度。

民主集中制要得到有力执行，不仅要靠党员领导干部的党性觉悟，更离不开制度的刚性约束。目前，各地各级党组织正在积极探索贯彻落实民主集中制的制度化要求。据《中国纪检监察报》报道，浙江省义乌市探索建立“三重一大”项目集体决策留痕管理机制，要求主要领导干部末位表态、班子成员对会议记录签字、决策全程录音录像，并配套问责机制，使决策全程可追溯。对错误决策不表态、不抵制，要严肃追究责任，以倒逼主要领导和班子成员严格贯彻民主集中制。广东省广州市出台《关于进一步加强对一把手监督的十项措施》，规定涉及“三重一大”决策必须集体研究，“一把手”不能以现场办公会、招商引资会、文件圈阅等形式决定；班子会议集体研究工作，班子成员应明确表达意见，等等。一系列制度探索，对于加强对“一把手”的监督，提升民主集中制的质量有积极意义。

【延伸阅读】

严格落实民主集中制

民主集中制是党的根本组织原则和领导制度。发挥好民主集中制的制度优势，才能充分调动各级党组织和广大党员的积极性，集中全党智慧，保证党的决策正确和有效实施，增强党的纪律和战斗力。

抓政治教育，强化思想根本。只有抓好思想政治建设这个根本，才能实现价值观上的“固本培元”。民主集中制贯彻落实得好坏，一定程度上取决于领导干部的思想认识水平。要把坚持民主集中制原则作为加强领导班子建设的一项重要内容，教育引导领导班子和领导干部身体力行，以身作则，率先垂范，坚持集体领导制度，实行集体领导和个人分工负责相结合。要“严”字当头，结合“两学一做”学习教育，进一步落实全面从严治党的主体责任，严肃党内政治生活，把党员干部党性锻炼放到更加突出的位置，全面提高贯彻落实民主集中制的自觉性、主动性和坚定性，把党要管党、全面从严治党落到实处。领导干部应不断增强学习的自觉性，熟悉和掌握民主集中制的基本理论、基本内容和基本要求，为贯彻执行民主集中制奠定思想理论基础，提高贯彻落实民主集中制的能力素质，以经常化制度化学习提高班子成员贯彻执行的意识和能力。

抓制度建设，强化执行保障。制度具有全局性、稳定性和长期性。贯彻落实民主集中制，必须把制度建设作为一项根本性措施来抓。要进一步健全和认真落实民主集中制的各项具体制度，促使各级领导干部特别是主要领导干部带头执行民主集中制，提高领导班子谋全局、抓大事、议大事的能力和水平。要按照集体领导、民主集中、个别酝酿、会议决定的原则决定重大事项，提高科学决策、民主决策的能力和水平。对违反民主集中制原则，搞个人专断的领导干部，视后果严重程度，按规定给予相应的纪律处分。要发扬党内民主，营造民主讨论的良好氛围，鼓励讲真话、讲实话、讲心里话，允许不同意见碰撞和争论。要拓宽社情民意反映渠道，建立重大事项社会公示制度和社会听证制度，完善专家咨询制度，实行决策的论证制和责任制，防止决策的随意性，努力避免决策失误。

抓统筹协调，强化党委核心作用。贯彻落实民主集中制，必须始终着眼于充分发挥党的领导核心作用这个目标。对于基层党组织来说，发挥总揽全局、协调各方的领导核心作用，就是要凡事站得更高一点，看得更远一点，想得更深一点，集中精力把好方向、定好政策、抓好大事，从政治、思想、组织上加强领导。领导干部带头发扬民主，认真倾听基层党员干部群众的意见建议，包括各种不同意见，防止独断专行和个人说了算，把领导班子一班人的思想、意志和行动有效统一起来，努力在领导班子中营造浓厚的民主氛围，防止议而不决、各行其是。要充分调动每名领导班子成员的积极性、主动性、创造性，依靠领导班子的整体合力，不断开创工作新局面。党员干部要识大体、顾大局、讲原则，严格按照党的纪律办事。凡属重大决策、重要干部任免、重要建设项目的安排和大额资金的使用等，必须经过集体充分讨论，按照少数服从多数的原则作出决定。

（摘编自《中国组织人事报》2017 年 3 月 8 日，作者：高明）

八、不能当“甩手掌柜”

习近平总书记指出:“各级党组织要认真按党章办事，把对党组织的管理和监督、对党员干部特别是领导干部的管理和监督、对党内政治生活的管理和监督在标准上严格起来，在内容上系统起来，在措施上完善起来，在环节上衔接起来，做到不漏人、不缺项、不掉链，使存在的问题能及时发现，发现的问题能及时解决，解决一个问题能举一反三、触类旁通。”面对新时代复杂的党内外环境，全面从严治党要把继承传统和改革创新结合起来、制定目标和狠抓落实结合起来、分类指导和统筹协调结合起来、典型引导和全面提高结合起来、当前工作和长治长效结合起来，增强系统性、预见性、创造性、实效性。

（一）把党风廉政建设当作分内之事、应尽之责

党要管党、全面从严治党，“管”和“治”都包含监督。党委监督是全方位的监督，包括对党员的批评教育、组织处理、纪律处分等工作，党委要任命干部，更要监督干部。纪委监督重点是履行监督执纪问责的职责。党内监督是全党的任务，第一位的是党委监督，不能一谈到监督就只想到纪委或推给纪委。党风廉政建设责任能不能担当起来，关键在主体责任这个“牛鼻子”抓没抓住。各地不同程度存在管党治党失之于宽、失之于软的现象，主体责任落实不力，监督责任落实不到位。

2018 年 5 月，浙江省嘉兴市秀洲区纪委就该区新城街道党工委原书记李某某履行全面从严治党主体责任不力、违反党的工作纪律问题进行通报。经查，2012 年 2 月至 2016 年 12 月，李某某在担任嘉兴市秀洲区新城街道党工委书记期间，作为全面从严治党第一责任人，未对重点领域和关键岗位强化监管，疏于对党员干部的教育、管理和监督，对有违纪违法行为的干部未及时进行组织处理，履行全面从严治党主体责任不力。2017 年 12 月，经嘉兴市秀洲区纪委常委会研究，决定给予李某某党内警告处分。

2016 年 4 月，接群众举报，浙江省嘉兴市秀洲区纪委对新城街道办事处原副主任陈某某进行纪律审查；随后，新城街道创建办原主任万某某、城建办原副主任王某某、社会事业所聘用人员朱某某等 3 人也因严重违纪问题接受区纪委的纪律审查。其中，陈某某单独或伙

同万某某、王某某、朱某某等人，索取或收受他人财物共计价值 64.4 万元；万某某单独或伙同陈某某等人，索要或收受他人贿赂共计价值 27.3 万元；王某某伙同陈某某等人索要或收受他人贿赂共计价值 17 万元；朱某某伙同陈某某收受贿赂共计价值 24.9 万元。2017 年 1 月至 10 月，陈某某、万某某、朱某某、王某某等 4 人因犯受贿罪先后被判刑。而这些都发生在李某某担任党工委书记期间。

为什么会发生这样的问题呢？随着调查的深入，李某某履行全面从严治党主体责任不力的违纪事实逐渐浮出水面。2015 年上半年，新城街道对九里村土地综合整治工程项目进行发包，涉及工程量 100 多万元，中标单位是嘉兴市某建设有限公司，而这家公司的主要股东之一陈某恰好是陈某某的儿子；而该公司的技术负责人则是时任街道农技中心主任的万某某。对于这么明显存在利益冲突的情况，当时作为该街道党工委书记的李某某没有进行深入调查了解，也没有要求街道纪工委对反映陈某某儿子参股的情况深入调查。李某某说，他主要还是碍于情面，当时整治项目的征迁工作任务重、难度大，又没有得力人选可以代替，所以就迁就他们，在大是大非问题上决断力、处置力不够。2016 年 5 月，时任新城街道城建办副主任的王某某因涉嫌违纪问题向区纪委投案自首，但这件事没有引起李某某的重视，未及时对其进行组织处理，导致其在初核调查期间仍然担任街道中层职务，直到 2017 年 4 月，王某某才被街道党工委免去职务。

经查，李某某身为党工委主要负责人、全面从严治党第一责任人，没有亲自部署和过问党风廉政建设工作，没有全面掌握街道的党风廉政建设情况，对于群众的信访举报也没有认真进行调查处置，特别是对陈某某、万某某等人出现了一些倾向性、苗头性的问题之后，没有进行相应的约谈，没有履行提醒告诫和加强监督约束的责任。4 名下属严重违纪违法且构成犯罪的问题发生并造成严重不良影响，与李某某的履职不到位有关。

党要管党，首先是党委要管。各级党委（党组）不能当“甩手掌柜”，要切实把党风廉政建设当作分内之事、应尽之责，真正把担子担起来，种好自己的“责任田”。从李某某的违纪问题来看，他只是把全面从严治党主体责任讲在口上、写在纸上、挂在墙上，并没有真正把责任放在心上、抓在手上、扛在肩上。坚持失责必问，对发生重大腐败案件和严重违纪问题的地方和部门，既追究当事人的责任，也追究相关党委领导的责任。正是以“一案双查”倒逼主体责任落到实处的“撒手锏”，为在落实主体责任中“隔岸观火光吆喝、卷起袖子不干活”者敲响了警钟。全面从严治党就是要管全党、靠全党、治全党。各级党委（党组）班子要“看好自己的门，管好自己的人”，真抓真管、敢抓敢管、严抓严管、常抓常管，用担当的实际行动推动全面从严治党向纵深发展。党委不能将群众反映的问题束之高阁，不能对听到或看到的违纪问题置之不理，有权必有责、有责要担当。党委肩负着选拔任用干部的权力和责任，同时也要承担对干部的监督和管理。

（二）党委（党组）书记既要挂帅又要出征

习近平总书记强调:“党委（党组）书记作为第一责任人，既要挂帅又要出征，对重要工作亲自部署、重大问题亲自过问、重要环节亲自协调、重要案件亲自督办。”党委（党组）主要负责人要认真落实“一岗双责”制，切实承担起党风廉政建设第一责任人的职责。党委肩负着实践监督执纪“四种形态”的主体责任，各级党组织应切实发挥领导核心作用，使党员干部时时处处感受到纪律的严格约束。

党内监督要及时发现问题、纠正偏差，关键是要抓住“常”“长”

二字，“常”就是要经常抓，“长”就是要长期抓，着力加强对领导干部的日常管理监督。党员干部“不敢腐”，主要来自党规国法的规范、约束以及高压反腐的强力震慑。但要实现“不能腐”“不想腐”，还是要靠内生动力，靠党委敢抓敢管、落实主体责任的主动性，靠党员干部学习遵守党章党纪党规和国法的自觉性。“勿以善小而不为，勿以恶小而为之。”从近年来查处的典型腐败案件来看，一个共同点就是都有一个从量变到质变、小过到大错的过程。当前，党内监督存在的一个突出问题就是日常管理监督不够，监督执纪“四种形态”在实践中有待深化。

党的十八届六中全会通过的《中国共产党党内监督条例》指出，党内监督必须把纪律挺在前面，运用监督执纪“四种形态”，经常开展批评和自我批评、约谈函询，让“红红脸、出出汗”成为常态；党纪轻处分、组织调整成为违纪处理的大多数；党纪重处分、重大职务调整的成为少数；严重违纪涉嫌违法立案审查的成为极少数。“四种形态”是对党的十八大以来党风廉政建设实践经验的科学总结，是把纪律和规矩挺在前面的具体体现，反映了以习近平同志为核心的党中央对管党治党规律的深刻把握。对各级党委来说，落实主体责任，打造风清气正的政治生态，关键要在第一种形态上下功夫，把咬耳扯袖、红脸出汗作为常态，切实把党的纪律严起来，守住第一道防线。

当前，党委（党组）负责同志在运用第一种形态上还存在诸多不足，需要进一步探索完善。有的党委对落实主体责任、实践“四种形态”的理解存在偏差，认为这是纪委的事，党委支持纪委开展工作就是落实主体责任；有的对“把纪律挺在前面”认识不够，只看重干部的“业务能力”，对其他“小”问题则视而不见，对一些苗头性、倾向性问题不敢红脸出汗，怕影响干部的工作热情；有的不敢担当，生怕得罪人，一味搞好人主义，把自己撇得“一干二净”；有的原则性不强，对下属单位发生的违纪问题总是强调客观原因，不愿公开曝光，“爱惜羽毛”，怕影响自己形象，甚至为违纪干部开脱，等等。习近平总书记严肃告诫：“各级党委和政府，各级领导干部，在出现侵害群众利益、违反党纪国法的事情时，一定不要护着掩着，要表明坚决反对的态度。有的干部胡作非为、贪赃枉法、欺压百姓，你去护着他干什么？很多事情，开始很小，结果越闹越大。有的同志可能是怕影响政绩、影响形象。我这里说清楚，如果出了问题，情况清楚并且是明显错误的，有关党委必须第一时间表明态度，对护着掩着的反而要追究责任。”各级党委是全面从严治党的责任主体，准确把握运用监督执纪“四种形态”，既是对党委落实主体责任的要求，更是党委的职责所在。

各级党委（党组）要继续加强对全面从严治党精神的深入领会和学习，充分发挥主要作用和党委书记第一责任人的带头作用，把思想和行动统一到习近平新时代中国特色社会主义思想上来。深化对“主体责任”内涵的学习，确保各单位党委班子成员、各级党组织负责人提升对落实全面从严治党主体责任的关注程度，积极主动地推动主体责任的落实。把全面从严治党、党风廉政建设纳入督导内容，监督班子成员“一岗双责”情况，落实跟踪问效。加强党风廉政建设责任考核，完善党风廉政建设责任制考核办法，落实党委主体责任清单，细化履责措施。

抓早抓小是实践“四种形态”的关键所在。党员干部破法无不始于破纪，“四种形态”划出了管控“量变”、防止“质变”的路线图，监督执纪必须做到关口前移，对党员干部的问题发现在早、警示在先、处理在小，动辄则咎，既警示和教育干部悬崖勒马，又维护纪律和规矩的权威，促使良好政治生态的养成。党委（党组）书记要近距离接触干部、观察干部，多同干部交流谈心，多关注其朋友圈、生活圈、社交圈，多注意干部群众反映的问题，力求全面掌握干部思想、工作、作风、生活状况，及时发现苗头性、倾向性问题或轻微违纪问题。发现问题苗头后，及时与本人见面，认真开展谈话提醒、函询诫勉、批评教育和诫勉谈话，切实红红脸、出出汗，指出存在的问题，明确整改事项。对存在重要或普遍性问题的，督促党委（党组）及时召开民主生活会，让本人在会上把问题说清楚，见物见人见细节，起到提醒告诫作用。用好民主生活会、干部考察考核、述责述廉、领导干部个人有关事项报告等各种日常监督制度，督促党员干部按本色做人、按角色办事，运用组织力量深挖根源、总结教训、触及灵魂，真正红红脸、出出汗、排排毒。对如实说明问题、认错悔过态度好、属于一般性问题的，及时予以了结，让干部轻装上阵；对不如实说明问题、欺骗组织的，从严从重处理；对问题有可能发展成为违纪的，及时亮明态度，猛击一掌，使其悬崖勒马，迷途知返。

（三）进一步健全制度、细化责任、以上率下

习近平总书记强调："进一步健全制度、细化责任、以上率下，层层传导压力，级级落实责任。"历史和现实都告诉我们，不明确责任，不落实责任，不追究责任，全面从严治党是做不到的。每一级党组织都有自己的责任，这个责任不能替代。对我们这样一个拥有 8900 多万名党员、450 多万个基层党组织的执政党来说，全面从严治党，必须靠各级党组织和党员领导干部来支撑，按照管理权限，落实分级负责原则，层层传导压力。

党中央从中央部委和省一级抓起，把责任让党委（党组）书记扛上。省委书记再把责任传导给所有班子成员、压给市委书记，市委书记压给县委书记，一直压到基层，形成一级抓一级、层层抓落实的

局面。这是压实“两个责任”的成功经验，也是压实党建责任的必由之路。

经过这些年努力，各级建立了党建工作责任制，党委抓、书记抓、各有关部门抓、一级抓一级、层层抓落实的党建工作格局基本形成。然而，是不是各级党委、各部门党委（党组）都做到了聚精会神抓党建？是不是各级党委书记、各部门党委（党组）书记都成了全面从严治党的书记？是不是各级各部门党委（党组）成员都履行了分管领域全面从严治党责任？一些地方和部门还难以给出令人满意的答案。

当前，有的党委对主体责任认识不清、落实不力，有的没有把党风廉政建设当作分内之事，每年开个会、讲个话，或签个责任书就万事大吉了；有的对错误思想和作风放弃了批评和斗争，搞无原则的一团和气，疏于教育，疏于管理和监督，放任一些党员、干部滑向腐败深渊；还有的领导干部只表态、不行动，说一套、做一套，甚至带头搞腐败，带坏了队伍，带坏了风气。党委能否落实好主体责任直接关系党风廉政建设成效。

风成于上，俗化于下。上级雷厉风行，下级就不敢敷衍了事；上级空走过场，下级就会打折扣、搞变通。各级党委（党组）要对本地区、本部门的党建工作负总责，各级党委主要负责同志要切实加强具体指导，不搞“权力下放”、不当“甩手掌柜”，层层传导责任，从强化上下联动和责任把关入手，细化整改问责制度，建立问题清单、任务清单、责任清单，形成上行下效、齐抓共改的良好局面。《中国组织人事报》曾刊登“仲组轩”的署名文章，将一些地方解决党建责任“抓什么、怎么抓、怎么评”问题的好做法总结梳理了一番，颇具启示意义。

一是制定清单，严明责任。针对定性难、量化难、问责难等问题，各地纷纷细化职责、目标和任务，使党建责任可看、可比、可考核。

吉林省建立市县乡党委书记抓农村基层党建责任清单，强化市县党委主体责任、乡镇党委直接责任、组织部门牵头抓总责任，不断增强各级党组织书记首责主业意识。江西萍乡市、湖北团风县对县（市）委领导、乡镇和县直部门党委（组）书记、基层支部书记等不同主体，分别建立相应的“党建履职责任清单”。河北大城县对县委、县委组织部、基层党（工）委、县直部门和基层支部五大主体在抓基层党建工作中的具体责任逐一加以明确。

一些地方还根据不同领域、不同地域，分层次分类别建立党建责任清单，提高党建责任清单的针对性，推动党建责任向深度延伸。福建省福州市晋安区区别平原镇、山区乡、平原街道等不同类型，分别制定党建任务清单；各基层党组织结合承担的任务和自身实际，明确具体责任人和完成时限，制定贯彻落实责任清单。浙江省宁波市江东区建立社区、股份经济合作社、“两新”组织党组织及书记的基层党建工作责任清单。浙江省磐安县对乡镇长列出了积极参与党建工作谋划、带头落实各项任务、做好经费保障、发展集体经济等 7 项党建责任。湖南省湘潭市将基层党建工作责任按基层组织建设、党员队伍管理、党建制度落实等六个大类，细化成 46 个小项考核指标。江西省上高县通过自身找、领导点、党员群众提等方式，逐项细化分类党建工作，各级党组织逐个制定党建工作责任清单，明确年度党建重点任务和目标。

二是跟踪督查，推动履责。抓而不实等于不抓。推动党建履行责任，督促问效不可或缺。各地通过纪实、督导督查、巡视巡察等方式，推动抓基层党建责任清单落到实处，取得实效。新疆实行党委书记抓基层党建工作责任清单逐级审定备案制度，通过定期检查、不定期抽查等形式，突出平时考核和年底通报相结合，强化跟踪督查问效。山东东营市东营区建立乡镇（街道）党（工）委书记抓基层党建工作纪实制度，通过文字影音纪实、现场纪实、会议纪实等方式，对农村基层党建工作进行“一事一记”。安徽蚌埠市每半年由市委书记带队，对党建工作目标任务完成情况进行现场观摩、座谈交流，逐个点评县区党建工作开展情况。广西靖西县、河北香河县将各领域党组织书记抓党建工作责任落实情况列入党建专项督查内容，由县委督查室、县委组织部定期或不定期开展专项督查。浙江余姚市每季度选择 1 个乡镇或街道召开基层党建工作互查分析点评会，组织若干个检查组走村进企入户，实地了解基层党建工作情况。

群众的监督是最有效的监督。为了扩大监督覆盖面，一些地方还组织老干部、党代表、群众代表等，对党建责任履职情况进行专项督查和评议。新疆鄯善县聘请 3 名县级退休老干部和 9 名科级干部担任常态化督导员，每月集中 10 天时间，通过明察暗访、入户走访、查阅资料、工作印证等方式，逐乡逐村对乡镇党建量化指标落实情况进行跟踪督查。浙江杭州市滨江区组织退二线干部、基层党代表等建立党情观察员队伍，按月督查基层党建责任落实情况。山东诸城市在镇街（园区）设立党建督导室，督导党建工作。新疆沙雅县抽调组织、政法、统战等 79 名干部组成研判组，专题研究乡镇基层组织建设情况。浙江景宁县结合乡镇党代会年会，组织乡镇书记和村支部书记就党建工作进行专项述职，接受党代表评议。辽宁抚顺市新抚区每年抽取 50 名党员干部、“两代表一委员”、群众代表，通过填写测评表、访谈等方式，对党建工作成效进行综合评价。新平台、新理念也在党建责任履职情况监督中得到应用。江苏连云港市、山东胶州市依托“党建云平台”，建立基层党建工作督查系统，实时公示党建工作推进情况。青海西宁市城北区采取审计方式核定年度党建责任落实情况，构建基层党建责任“对标审计”工作机制。

三是注重奖惩，强化问责。没有问责，就没有压力；奖罚不明，就丧失动力。各地普遍把强化考核问责作为关键，着力推动管党治党责任落到实处。重庆市委制定出台《落实全面从严治党责任实施办法（试行）》，实行党建问题责任倒查制、“一案双查”制，既追究当事人责任，又追究相关领导责任，从制度层面强化责任追究。天津市委把抓基层党建情况在区县党委年度考核中单设并增加权重，同时纳入党群、政府机关领导班子年度考核和绩效考评。陕西扶风县制定党建工作问责办法，从落实党建主体责任、基层组织和党员队伍建设4个方面，规定了32项具体问责内容。河北秦皇岛市海港区对落实党建责任不力的，严格实行约谈、建档、反馈、问责、通报、函询等“六条追责办法”。安徽阜南县实行组织部长约谈第一责任人制度，制定基层党建工作约谈登记表，专人记录约谈事由、约谈内容、承诺整改事项等，将整改情况作为年终党建工作量化考核的重要依据。江苏苏州市吴江区制定“督查反馈问题清单”，书面反馈整改要求和完成时限。

各地普遍注重对党建责任考评结果的运用，把党建责任履行情况与干部年度考核、提拔任用等挂钩，倒逼各级党组织书记认真履职。陕西汉中市汉台区建立党委书记、副书记提任转任重要岗位党建专项考核制度，把考核结果作为调整使用的重要依据。新疆若羌县、河南荥阳市对落实不力、基层党员群众反映差的单位，年底考核取消党组织书记评优资格。河南平舆县实行党建考核末位惩戒，对后三名的党（工）委书记进行诫勉谈话，并取消其所有班子成员评先资格。云南姚安县将党建考核结果，作为评定“先进基层党组织”“优秀公务员”“优秀共产党员”“优秀党务工作者”的重要依据。安徽宣城市委书记定期约谈党建责任落实不力的县市区委书记，5名干部因抓党建不力暂缓使用。一些地方将党建责任制考核结果与村党组织书记补贴待遇发放挂钩，并严格执行问责制度。山东肥城市有11名、江西余干县有 28 名、江苏泰州市姜堰区有 26 名村党组织书记因履行党建职责不力被调整。[①]

【延伸阅读】

从严从实抓好干部管理监督

习近平总书记在全国组织工作会议上强调，好干部是选出来的，更是管出来的。组织部门要全面贯彻落实全国组织工作会议精神，从严从实抓好干部管理监督，为建设忠诚干净担当的高素质干部队伍、实现新时代新发展提供坚强的政治和组织保证。

把准政治要求，突出抓好政治监督。要坚持把“两个坚决维护”作为最高政治原则，突出对遵守政治纪律和政治规矩情况的监督，全方位掌握干部的政治表现。要注重在重大工作任务中监督干部的政治担当，看是否扛得起重担、经得起磨炼、拿得下任务，是否讲条件、打折扣、搞变通；在组织生活中监督干部的政治自觉，看是否坚持民主集中制，是否坚持党委（党组）决策“三重一大”事项；在日常工作中监督干部的政治作为，看是否严格落实请示报告制度，是否如实报告个人有关事项，是否把忠诚老实融入日常学习和工作。要坚持政治表现“首问”，及时进行提醒函询诫勉，对政治上不合格的坚决“一票否决”，教育引导党员干部始终做政治上的明白人。

匡正用人风气，持续加大干部选拔任用监督力度。要坚持新时期好干部标准，结合巡视巡察推进选人用人检查全覆盖，整合机构编制、人力社保等多部门“联合会诊”，提升检查实效。要紧盯干部提拔、考录、选聘等关键环节，精准查找违规用人、三超两乱、裸官等

① 参见仲组轩:《压实基层党建责任》，载《中国组织人事报》2015 年 12 月 2 日。

突出问题，健全问题反馈、通报、整改和问责机制，严格抓好整改落实。要加强分析总结，针对发现的共性问题和薄弱环节，推动完善制度机制、堵塞漏洞，提高选人用人工作规范化、科学化水平。要注重抓基层、打基础，推动检查工作向基层延伸，推动形成上下联动、全市统筹、重点发力的监督检查工作格局。

树立鲜明导向，推动不担当不作为问题监督落到实处。要把敢不敢扛事、愿不愿做事、能不能干事作为识别干部、评判优劣、奖惩升降的重要标准，围绕贯彻执行党的路线方针政策和决策部署、深化改革和攻坚克难、履行管党治党责任等方面，着力发现解决干部不想为、不能为、不敢为等问题。要建立健全问题线索发现机制，将不担当不作为问题作为举报受理重点，加大问题分析认定和查核处理力度，对发现存在庸懒散等情况的及早提醒纠正，对确实存在不担当不作为问题的，该调整的调整、该降职的降职、该免职的免职，切实形成警示震慑效应。

聚焦重点问题，构建科学严密的日常管理监督体系。要着重加强对权力集中、资金密集、资源富集的重点部门、关键岗位干部，特别是一把手履职用权的监督，明确职责，划清红线。要密切关注年轻干部成长，强化任前把关，严格日常管理，加强对墩苗历练过程的管理监督。要提高对关键人的个人有关事项抽查核实比例，加大对领导干部婚姻、房产、投资等重点事项的专项查核和分析研判力度，深化规范领导干部亲属经商办企业行为，促进领导干部廉洁用权。要充分发挥群众监督、舆论监督作用，加强监督信息资源整合，提升监督工作信息化、智能化水平，形成有效监督合力。

（摘编自《中国组织人事报》2018 年 11 月 9 日，作者：魏小东）

九、不能表面上热热闹闹，实际上用形式主义反对形式主义

习近平总书记在指导兰考县委常委班子党的群众路线教育实践活动专题民主生活会时强调："'四风'问题虽然有多种表现形式及其复杂成因，但只要有严格的尺度来衡量、有坚定的决心来纠正，就能看得清楚、认识明白、解决到位。"各单位要在改进作风上讲认真，做到善始善终、善作善成，不能表面上热热闹闹，实际上用形式主义反对形式主义。作风建设是永恒课题，要标本兼治，经常抓、见常态，深入抓、见实效，持久抓、见长效，通过立破并举、扶正祛邪，不断巩固和扩大已经取得的成果，努力以优良的党风政风带动全社会风气根本好转。

（一）形式主义危害党和人民利益

形式主义居“四风”之首，严重违背党的性质和宗旨，危害人民利益和党群干群关系，腐蚀党员干部队伍，群众深恶痛绝、反映强烈，是党和人民事业的大敌。全党必须从党的事业兴衰、人心向背、生死存亡的高度，旗帜鲜明地反对形式主义，从根本上坚决克服形式主义。

世界上的事物，都会以一定的形式表现出来。但如果只注重形式，不注重本质和内容，把形式本身看成结果，热衷于追求形式，那就会把形式的作用夸大到不恰当的地步，堕落成形式主义了。马克思说过，“如果形式不是内容的形式，那么它就没有任何价值了”。今天，我们党把形式主义列为“四风”之首。可见，它是长期以来影响党的先进性、弱化党的纯洁性的一大破坏因素。

形式主义，就是凡事只看现象、不看本质，只讲究外在形式、不注重实质内容的思想方法和工作作风，包括文山会海、空话套话，弄虚作假、欺上瞒下，蜻蜓点水、走马观花，不切实际、不求实效，落实不力、工作疲沓等。具体来看，（1）学习上“虚”。学风不正，学用脱节。有的党员干部对马克思列宁主义、毛泽东思想、邓小平理论、“三个代表”重要思想、科学发展观、习近平新时代中国特色社会主义思想等理论学习只停留在会议上、口头上、本本上和宣传报道上，只是摆个架子、做个样子、举个幌子，而不是真学、真懂、真信、真用，不能理论联系实际、解决实际问题。（2）调查时“浅”。有的开展调查研究，不是真去了解情况、研究问题、解决困难，不是真去听取群众意见、收集群众难题，而是“坐着车子转、隔着玻璃看”，走马观花、浅尝辄止、层层陪同、兴师动众。（3）工作中“假”。有的弄虚作假、敷衍塞责；有的贯彻落实中央和上级精神时文山会海、雷声阵阵，却不付诸实际行动；有的沽名钓誉、哗众取宠，大搞形象工程，而不切实解决群众实际问题；有的说得头头是道、天花乱坠，而日常工作却无实绩；有的大喊制度建设，但只是挂在墙上、印在纸上，却不抓督促检查和落实。

光明网公众号曾提到过这样一则事情：一个单位会议室的背景墙装了很多推拉门，贴满了各种规章制度。相关同志说，这是因为上级要求“制度上墙”，但墙面积有限，他们绞尽脑汁才想出这个办法。哪个单位来检查，就把对应的那扇门推出来。为明确基本办事流程、公开内部管理制度等，实行“制度上墙”，这种方式有利于强化单位管理，也方便群众随时进行监督。但如果不顾实际条件，为上墙而上墙，逼着下级部门绞尽脑汁满足“形式要求”；或者像一些地方，不惜重金打造奢华的制度牌匾，“制度上墙”就会沦为精致的形式主义。《北京日报》也报道过类似的事情，有位驻村书记每天要签 2080 次名字，原因是扶贫调研要填的表太多，全村 130 家贫困户，每户的扶贫统计表平均为一式 4 份，每份表格要在 4 处签名，填写一遍需要签 2080 次名字。基层扶贫干部“吐槽”：类似表格今天填了明天又填，而且不只是驻村第一书记要签、村干部要签，扶贫对象也要签。整天在文山“表”海里往来复去，哪还有时间为贫困户出谋划策？扶贫必先识贫，填表摸底是个行之有效的办法。然而，凡事过犹不及，精准识贫变成了繁复填表，着实是“捡了芝麻、丢了西瓜”。

我们党历来高度重视反对和克服形式主义。毛泽东同志曾深刻指出，“形式主义害死人”，形式主义“实在是一种最低级、最幼稚、最庸俗的方法”，并用“墙上芦苇”“山间竹笋”为形式主义者画像。

邓小平同志也多次告诫全党，“现在有一个问题，就是形式主义多”，“形式主义这个祸害，非克服不可”。形式主义对党和人民事业具有多重危害。

——危害党和人民利益。形式主义只讲形式、脱离实际，只图虚名、不务实效，空话连篇、掩盖矛盾，不做调查研究，不看实际效果，或导致信息失灵、决策失误，浪费大量的人力物力财力，以致丧失发展机遇；或严重影响党和国家的政令畅通，使中央和上级的精神、决策和部署流于形式，难以落实下去。形式主义误党、误国、误民，给党和人民的利益带来重大损害。

——损害党群干群关系。始终保持与人民群众的血肉联系是我们党最大的政治优势。形式主义者眼中没有群众，华而不实、哗众取宠，只摆花架子，不为群众办实事、谋实利；大讲排场、大比阔气，增加人民负担，群众深恶痛绝。形式主义严重违背党的群众路线，伤害群众感情，损害党的形象，严重损害党群干群关系，损害党的执政基础。

——败坏党风和社会风气。人们常常把党员干部的工作岗位比喻为“窗口”，身处“窗口”的党员干部，一言一行都代表着党和政府的形象。形式主义诱发懒惰思想和投机心理，助长哗众取宠、虚与委蛇的不良倾向，催生贪图享乐、铺张浪费等不良现象。任其蔓延，就会导致弄虚作假之风盛行、务虚不务实的歪风盛涨，败坏党风政风，带坏社风民风，损害党和政府形象。

——破坏党的思想路线。我们党的思想路线是一切从实际出发，理论联系实际，实事求是。而形式主义、官僚主义从动机目的、作风手段、行为结果等方面看，都与实事求是的思想路线相背离。由于不能根据当地当时实际情况创造性地贯彻落实党的路线方针政策，只唯书、唯上，不唯真、唯实，抛弃一切从实际出发的思想路线，往往会导致决策失误，错失发展良机。

形式主义就如同党身体上的毒瘤，如果不坚决挖除，就会严重侵蚀党的细胞和肌体，严重腐蚀党员干部队伍，严重威胁党的生命安全。

（二）形式主义的新表现值得警惕

党的十八大以来，全面从严治党从中央政治局立规矩开始，从落实中央八项规定精神破题，以习近平同志为核心的党中央，坚持以上率下、身体力行，一级做给一级看、一级带着一级干，坚持从具体问题抓起，坚持强化监督检查，坚持严格执纪问责，坚持标本兼治，刹住了一些过去被认为不可能刹住的歪风邪气，攻克了一些过去司空见惯的顽瘴痼疾，党内政治生活展现新气象，带动了社会风气整体好转。

回看整治功效，“四风”问题中享乐主义、奢靡之风基本刹住，形式主义、官僚主义一定程度上仍然存在，并穿上“隐身外衣”，出现了新表现新动向。2017 年 12 月，习近平总书记就新华社文章《形式主义、官僚主义新表现值得警惕》作出重要批示。文章反映，党的十八大以来，从制定和执行中央八项规定开始，全党上下纠正“四风”取得重大成效，但形式主义、官僚主义在一定程度上仍然存在：一些领导干部调研走过场、搞形式主义，调研现场成了“秀场”；一些单位“门好进、脸好看”，就是“事难办”；一些地方注重打造领导“可视范围”内的项目工程，“不怕群众不满意，就怕领导不注意”；有的地方层层重复开会，用会议落实会议；部分地区写材料、制文件机械照抄，出台制度决策“依葫芦画瓢”；一些干部办事拖沓敷衍、懒政庸政怠政，把责任往上推；一些地方不重实效重包装，把精力放在“材料美化”上，搞“材料出政绩”；有的领导干部热衷于将责任下移，“履责”变“推责”；有的干部知情不报、听之任之，态度漠然；有的干部说一套做一套、台上台下两个样。《关于新形势下党内政治生活的若干准则》把当下的新形式主义描述为:“作风漂浮、工作不实；文山会海、表面文章；贪图虚名、弄虚作假。”

总结来看，形式主义的新动向主要有以下10种表现。(1)在贯彻落实方面，有的领导干部对贯彻落实中央重大决策部署表态多、调门高，但行动少、落实差，虚多实少，仅仅满足于“轮流圈阅”“层层转发”“安排部署”，个别领导干部说一套做一套，我行我素。(2)在调查研究方面，有的单位搞形式、走过场，像打造旅游线路一样打造“经典调研线路”，无论什么调研主题，去的是同一条路线、访的是同一批对象、听的是同一套说辞，搞“大伙演、领导看”的走秀式调研。(3)在服务群众方面，有的单位表面上推进服务型政府建设，“门好进、脸好看”，但还是“事难办”，将过去的“管卡压”变成了现在的“推绕拖”；有的政务服务热线电话长期无人接听；有的政府网站更新的内容主要是领导活动，政务公开、便民服务等栏目几乎成为僵尸栏目。(4)在项目建设方面，一些地方热衷于打造领导“可视范围”内的项目工程，而不考虑客观实际，“不怕群众不满意，就怕领导不注意”“奖状一屋子，工作还是老样子”。(5)在召开会议方面，一些地方无论什么会议都要层层重复开，一个接一个，检查评比走马灯，导致干部疲于应付，没有时间抓落实。(6)在改进文风方面，有的地方写文件、制文件机械照搬照抄，出台制度规定“依葫芦画瓢”，内容不是来自调查研究，而是靠抄袭拼凑。(7)在责任担当方面，有的领导干部“只求不出事，宁愿不做事”，凡事都要上级拍板，避免自己担责，甚至层层往上报、层层不表态。(8)在工作实效方面，有的地方对工作不重实效重包装，把精力都放在“材料美化”上，一项工作刚开始就急于总结成绩、宣传典型，搞“材料出政绩”。(9)在履行职责方面，有的部门热衷于与下属单位签订“责任状”，将责任下移，试图让下级的“责任状”成为自己的“免责单”。

（10）在对待问题方面，有的党员干部对身边不良风气和违规问题态度漠然，事不关己、高高挂起，知情不报、听之任之，甚至在组织向其了解情况时仍不说真话。

这些问题“看似新表现，实则老问题”，必须要下大力气加以整治。形式主义位列“四风”之首，是共产党员必须坚决摒除的恶习。绝对不能在形式上热热闹闹，实际上用形式主义反对形式主义。

（三）改进作风要做到善始善终、善作善成

习近平总书记明确指出：“作风问题具有顽固性和反复性，形成优良作风不可能一劳永逸，克服不良作风也不可能一蹴而就。”作风建设没有间歇期、没有休止符、没有完成时，任何时候都不能有歇歇脚、松口气的念头。全党要继续保持强大的政治定力和战略定力，发扬“钉钉子”精神改进作风，一个节点一个节点坚守，一个问题一个问题解决，不松劲、不停步、再出发，推动作风建设向纵深发展，永远在路上。

“四风”问题由来已久、成因复杂，而且受到传统观念、社会习俗等因素影响，不是一朝一夕就能解决的，也不可能一劳永逸，必须警钟长鸣，久久为功。中央纪委国家监委网站发布的数据显示，2018年全国共查处违反中央八项规定精神问题65055起，92215受到处理，65558人受到党纪政务处分。其中，有很大一部分是2018年以前的存量问题，这说明不收敛不收手的现象仍然存在，顶风违纪行为还有增量，印证了“四风”问题具有顽固性和反复性的判断，说明整治“四风”问题必须持续加大力度，以永远在路上的恒心和韧劲，不断把螺丝拧得更紧，工作做得更实，才能打赢作风建设的攻坚战、持久战。

习近平总书记指出：“作风建设已经采取的措施、形成的机制要

扎根落地，已经取得的成效要巩固发展，关键是要在抓常、抓细、抓长上下功夫。”抓常，就是要把作风建设时刻摆上位置、有机融入日常工作，做到管事就管人，管人就管思想、管作风。推动各项工作，都要落实作风建设的具体要求，形成抓作风促工作、抓工作强作风的良性循环。抓细，就是要对干部群众特别是基层群众反映的作风问题一一回应、具体解决。要透过现象看本质，在解决个别具体问题的同时，着力解决面上的普遍性问题。抓长，就是要反复抓，不能三天打鱼两天晒网，不能集中抓的时候雷霆万钧，平时放任自流。要认真落实作风建设各项制度，做到有章必循、违规必究。要通过深化改革，从体制机制层面进一步破题，为作风建设形成长效化保障。

——强化理想信念教育。作风问题说到底是个党性问题、思想问题。决不能把当前抓作风建设当作权宜之计，而要从心灵深处解决好“为谁当官、如何当官、当一个什么样的官”等根本问题，切实消除特权思想，克服享乐主义，强化责任担当，保持公仆本色。要坚定共产党人的理想信念，对错误思想和言论理直气壮地批评教育，采取多种方式，教育引导广大党员加强党性修养，进一步坚定理想信念，提高持之以恒正风肃纪的思想自觉和行动自觉。

——强化主体责任落实。形成作风建设的长效机制，需要严格的党内政治生活来规制和引导。各级党组织都要坚持党要管党、全面从严治党，认真贯彻执行党章和党内各项制度规定，努力提高党内政治生活的原则性和战斗性。任何一名党员，不论职务高低、资历深浅、成就大小，都必须自觉遵守党内政治生活准则。各级党员领导干部要率先垂范、扛起责任，通过层层压实主体责任，认真查摆本地区本部门、单位存在的形式主义问题和成因，该提醒的提醒纠正，该问责的严肃问责，该通报的通报警示，拿出过硬措施，坚决扎实整改。

——重点解决突出问题。聚焦形式主义突出问题，以此为突破口和切入点，紧抓不放、一抓到底。当前重点是要聚焦贯彻落实党的十九大精神和党中央重大决策部署，打好防范化解重大风险、精准脱贫、污染防治的攻坚战，对保障和改善民生水平等方面工作中存在的形式主义、官僚主义问题，着力整治、抓出成效。要坚持求真务实，察真情、说实话，出真招、办实事，下真功、求实效，让埋头苦干、真抓实干的干部真正得到重用、充分施展才华，让作风漂浮、哗众取宠的干部无以表功、受到贬责。有什么问题就解决什么问题，什么问题突出就重点解决什么问题，特别要抓住侵害群众利益的问题及早开展专项整治，以具体改进措施坚决反对形式主义，防止虚晃一枪、虎头蛇尾、草草收场。

——严格监督执纪问责。坚持把纪律和规矩挺在前面，综合运用监督执纪"四种形态"，对热衷于搞形式主义的党员干部及时红脸出汗、咬耳扯袖，该提醒的提醒，该批评的批评，该诫勉的诫勉，防止小问题造成大影响。对确实构成违纪、需要追究党纪政纪责任的党员干部，该调整岗位的调整岗位，该免职的免职，该处分的处分，追究直接责任人和有关领导的责任，以严肃问责倒逼党员干部转作风改作风。要坚持清正严明，形成正气弘扬的大气候，让那些看起来无影无踪的潜规则在党内以及社会上失去土壤、失去通道、失去市场。

【延伸阅读】

把反对形式主义、官僚主义落到实处

习近平总书记明确指出，纠正"四风"不能止步，作风建设永远在路上。反对形式主义、官僚主义，既要靠组织优化工作环境，加强保障，去除干部思想顾虑、激发担当精神，又要靠党员干部自觉培育优良作风，脚踏实地干事。概括来说，可以在以下五个方面着力：

第一，坚定理想信念，激发内在动力。党员干部做好工作的根本动力，还在于理想信念。习近平总书记强调:“今天，衡量一名共产党员、一名领导干部是否具有共产主义远大理想，是有客观标准的，那就要看他能否坚持全心全意为人民服务的根本宗旨。一切迷惘迟疑的观点，一切及时行乐的思想，一切贪图私利的行为，一切无所作为的作风，都是与此格格不入的。”形式主义、官僚主义滋生的深层次原因在于一些党员干部的理想信念不坚定，精神上“缺钙”，需要通过不断加强学习教育、不断强化实践养成、不断完善制度安排，锤炼过硬的政治素养，激发顽强的实干精神，强化推动发展、为民服务的责任感、使命感。

第二，掌握工作方法，提升能力水平。习近平总书记指出:“改革开放是前无古人的崭新事业，必须坚持正确的方法论，在不断实践探索中前进。”产生形式主义、官僚主义的一个重要原因，是一些党员干部缺乏工作方法，能力水平不够。要认真学习掌握新时代推动改革发展的基本方法，在习近平新时代中国特色社会主义思想中汲取营养。譬如，坚持问题导向，抓主要矛盾，牵“牛鼻子”；譬如，培养精准思维，注重精准发力、精准施策，不断提高改革精准化、精细化水平；譬如，坚持眼睛向下，脚步向下，尊重基层群众实践，解决群众生产生活中面临的突出问题；等等。

第三，坚持实事求是，注重求真务实。实事求是是党的思想路线，也是共产党人的根本思想方法。坚持察实情，了解实际，尤其要了解新时代世情国情党情的新变化，把握新的实践要求。出实招，就是要求按照实际情况决定工作方针，不提不切实际的口号，不提超越阶段的目标，不做不切实际的事情。办实事，就是要求从点滴入手、从具体事做起，力戒形式主义、官僚主义，力戒空谈。求实效，就是要求雷厉风行、狠抓落实，不抓则已、抓则必成，做出实实在在的业绩，不好大喜功、不做表面文章、不搞花架子。

第四，优化办事流程，明晰工作标准。管理效率出自简单。形式主义、官僚主义的重要表现就是程序繁琐，流程复杂，标准模糊。完善合理的工作流程不仅可以把党员干部从繁冗的工作中解脱出来，而且能大大提高工作效率。谋划工作推动工作，要明确任务的标准是什么，完成任务需要做什么、怎么做、按照什么顺序做。优化工作流程，就要求我们对现有工作流程进行重新审视，去除重复的、不必要的部分，合理安排工作顺序，简化工作程序，确保实现结果。

第五，完善激励约束，建立长效机制。坚持激励与约束相结合，既要正向激励，又要反向约束。从当前情况看，要强化激励作用，关爱干部，为党员干部做好工作提供良好保障。要努力解除干部后顾之忧，营造干部干事创业的良好氛围，让想干事的有机会、能干事的有舞台、干成事的有地位。要细化容错机制，使之客观精准，使干部行为有可识别、可预期的标准。要精简检查督导，优化考核问责，使党员干部从被动应付、畏首畏尾的状态中解放出来，解放思想、解放手脚，发挥聪明才智，冲到一线带头解决矛盾和问题，带头推动经济社会发展。

（摘编自《中国纪检监察报》2018 年 10 月 16 日，原标题为《下大气力整治形式主义官僚主义》，作者：李志勇）

十、绝不搞看人下菜、翻云覆雨那一套

习近平总书记强调:“领导干部要坚守正道、弘扬正气，坚持以信念、人格、实干立身；要襟怀坦白、光明磊落，对上对下讲真话、实话、心里话，绝不搞弄虚作假、口是心非那一套；要坚持原则、恪守规矩，严格按党纪国法办事，不成为不正当社会关系的编织者，绝不搞看人下菜、翻云覆雨那一套；要严肃纲纪、疾恶如仇，对一切不正之风敢于亮剑，绝不搞逃避责任、明哲保身那一套;要艰苦奋斗、清正廉洁，正确行使权力，在各种诱惑面前经得起考验，‘不以一毫私意自蔽，不以一毫私欲自累’。”这是对党员干部营造良好从政环境和政治生态提出的基本要求。

（一）绝不能成为不正当社会关系的编织者

好环境可以改造人，坏环境也可以改变人。政治生态好，坏人不敢做坏事；政治生态不好，好人也会做坏事。不好的自然生态危害的是人们的身体健康，不好的政治生态危害的是人们的精神健康。营造良好从政环境，要从人抓起，从人做起，也就是要从各级领导干部首先是高级干部做起。

每一个社会个体都有且可以有一定的社交范围。同学聚会、与同乡聊天、与朋友结伴而行、与战友叙旧言欢，都是人之常情，既能增进彼此的友情，又能纾解工作压力。领导干部也有社交圈，但对领导干部，要求就是要严一些，手中的权力决定了其社交圈不能和普通人一样。领导干部的关系圈子直接决定了下属甚至一个单位整体的关系状况，上面简单，下面就简单，上面复杂，下面必然复杂，正所谓“其身正，不令而行；其身不正，虽令不从”。

一旦权力成为某个圈子谋利的工具，这种关系就必然走向庸俗。在党内，这种庸俗关系最明显的表现就是山头主义、搞“小团体”。习近平总书记强调：“党内绝不允许搞团团伙伙、结党营私、拉帮结派，搞了就是违反政治纪律。如何防微杜渐？要从规矩抓起，要有这个意识。有些干部聚在一起，搞个同乡会、同学会，一段时间聚一下，黄埔一期二期三期的这么论，看着好像漫无目的，其实醉翁之意不在酒，是要结交情谊，将来好相互提携、互通款曲，这就不符合规矩了。这种聚会最好不要搞，这种饭最好不要吃。有的人只要是他工作过的地方，都利用手中的权力‘正正规规’地搞团团伙伙，全要搞成他自己的领地，到处插手人事安排，关照自己小圈子里的人，结果他们就成了一根绳上的蚂蚱。”

结党营私、拉帮结派的“小团体”主义集中体现在选人用人上的庸俗化。有的领导干部惯于家长作风，搞亲疏远近，热衷于“找门子”“拜码头”，一事当前，不管前后对错，先问亲疏远近，独断专行、颐指气使，把提拔任用干部看成个人恩赐，造成组织涣散、山头主义盛行。功利从来都是交往的毒素，以“有利”和“无利”为标准确定亲疏，以“交换”和“利己”为目的搭桥拉线，党内的组织关系、同志关系怎能不变质？由此，坚持任人唯贤，就是要让德才兼备的干部不跑不送、不拉关系就能得到重用，让跑官要官、买官卖官、拉关系的干部没有市场，绝不能视制度、规则为橡皮泥，想咋捏就咋捏，使明规则形同虚设，潜规则却越用越灵。

党内关系庸俗化的另一表现是吹吹捧捧、逢迎拍马。有的惯于给领导干部歌功颂德，助长吹捧之风，损害党内同志关系的严肃性。有的极尽讨好取悦领导之事，寻找机会与领导亲属套近乎，并以此自喜甚至感恩戴德，把同志关系、上下级关系变成封建等级关系。党员干部与人如何交往，既见党性又见品行。如果怀着私心杂念，交往观不正、交往圈不净，搞亲疏远近、你来我往、人身依附，结果只会败坏形象、带坏风气，危害事业、贻害个人。这种庸俗化关系不讲党性、不讲原则、不讲纪律规矩，损害党的事业健康发展，是当前党的作风建设亟须解决的问题。

我们党在长期的革命、建设和改革进程中，始终重视严肃党内政治生活，向来主张同心同德、清清爽爽的同志关系。毛泽东同志指出：“我们都是来自五湖四海，为了一个共同的革命目标，走到一起来了。”放弃“五湖四海”原则而大搞庸俗化是党的建设中一个危险的起点。

党的十八届六中全会指出:“任何人都不准把党的干部当作私有财产,党内不准搞人身依附关系。规范和纯洁党内同志交往,领导干部对党员不能颐指气使,党员对领导干部不能阿谀奉承。”我们必须采取有效举措解决党内同志关系庸俗化问题,严肃党内政治生活,净化政治生态。各级党组织要坚持“严”字当头,做到真管真严、敢管敢严、长管长严,注重日常、抓早抓小、防微杜渐,保证党内同志关系的纯洁。党员干部应按照《关于新形势下党内政治生活的若干准则》和《中国共产党廉洁自律准则》的要求对照检查,看看自己有无庸俗化倾向,切实在党内形成一种平等相待、心无芥蒂、团结和谐、纯洁健康的良好氛围。

庸俗化这个毒瘤,从社会浸淫到党内影响党风,又从党内弥漫到社会影响社会风气。在党外,庸俗化关系的表现就是官商勾结、权力寻租。一些领导干部和商人交往过密,搞权钱交易,违规向有关企业输送利益;一些商人为了达到自己的目的,用金钱、美色等各种诱惑千方百计腐化领导干部,甚至为其升迁等提供资助。为此,习近平总书记指出,要构建“亲”“清”新型政商关系。政商关系,是企业与政府管理部门或管理体制的关系、企业家与政府官员的关系。正常的、良好的政商关系,既有利于政治权力在其边界范围内按照党的要求和人民的期待正确使用,又有利于企业按经济规律健康经营,能够促进经济社会平稳健康发展。不正常的、畸形的政商关系,犹如政治雾霾,会使双方受到污损,最终损害党和人民的事业。一个国家的经济社会发展,不能建立在畸形的政商关系上。“官”“商”交往要有道,要相敬如宾而不要勾肩搭背,不能搞成封建官僚和“红顶商人”之间的那种关系,也不能搞成西方国家大财团和政界之间的那种关系,更不能搞成吃吃喝喝、酒肉朋友的那种关系。正确处理好权力和资本、政府和市场、官员与企业家之间的关系,政商两界做到亲不逾矩、清不远疏，双向通畅、界限分明、有为有畏，营造良好营商环境，有效激发市场主体活力，促进经济社会平稳健康发展。

风成于上，俗化于下。特别是高级领导干部更不能成为不正当社会关系的编织者。习近平总书记指出：“在党内，谁有资格犯大错误？我看还是高级干部。高级干部一旦犯错误，造成的危害大，对党的形象和威信损害大。我们绝大多数党的高级干部在思想上、政治上、作风上是过硬的。但是，也有少数高级干部身居高位久了，慢慢疏远了群众，出现了这样那样脱离群众的现象，个别的甚至违法乱纪、以权谋私、腐化堕落。”高级干部要牢固树立政治意识、大局意识、核心意识、看齐意识，善于观大势、谋大事，自觉在大局下想问题、做工作。要坚决贯彻执行党的路线方针政策，正确处理保证中央政令畅通和立足实际创造性开展工作的关系，决不能在贯彻执行中央决策部署上打折扣、做选择、搞变通，决不能搞“上有政策、下有对策”，也决不能对中央大政方针和重大工作部署口无遮拦、毫无顾忌、评头论足，任何情况下都要严守政治纪律，自觉维护党中央权威。要坚持立党为公、执政为民，正确行使人民赋予的权力，防范被“下套”、被“围猎”的风险，永葆共产党员清正廉洁的政治本色。要切实履行执纪职责，拒绝说情风、关系网、利益链，采取管用的措施提高组织管理的有效性，使违纪问题能及时发现、及时查处。要坚持自重、自省、自警、自励，带头遵守廉洁自律各项规定，遵守中央关于领导干部工作和生活待遇等方面的规定。

（二）严格按党纪国法办事

繁琐复杂的社会关系往往成为领导干部干事创业的束缚。解决这个问题，最有效的办法就是以简单对复杂。一切按党纪国法办，党内的同志关系就会清淡如水，党外的社会关系就会朴素纯洁。党章党纪、法律法规，是党员领导干部为政的重要标尺。

党员领导干部首先要遵守党章党纪党规。当前，有的领导干部忘记了自己是党的干部，不知、不学、不遵党章党纪党规，毫无戒惧之心。贯彻落实全面从严治党的新任务、新要求，要求各级领导干部增强政治警觉性和政治鉴别力，以身作则、率先垂范，学好党章党纪党规，在学思践悟中增强纪律性。各级领导干部要把学习党章作为必修课，走上新的领导岗位的同志要把学习党章作为第一课，带头遵守党章各项规定。凡是党章规定党员必须做到的，领导干部要首先做到；凡是党章规定党员不能做的，领导干部要带头不做。要严格按照党章规定提高自身素质和能力，经常检查和弥补自身不足。特别是要在坚定理想信念、坚持实事求是、推动科学发展、密切联系群众、加强道德修养、严守党的纪律等方面为广大党员作出表率。要严格执行党章关于民主集中制的各项规定，带头执行党的政治纪律，自觉维护中央权威，保证中央政令畅通。要严格执行党章关于党内政治生活的各项规定，敢于坚持原则，勇于开展批评和自我批评，带头弘扬正气、抵制歪风邪气。党规党纪是管党治党的重要法宝，也是一大政治优势。要加强纪律规矩教育，注重政治上的要求，引导领导干部坚决做到“四个必须”“八条规范”“六大纪律”，始终做政治上的“明白人”。《中国共产党廉洁自律准则》和《中国共产党纪律处分条例》对领导干部提出看得见、够得着的道德高标准和不可触碰的纪律底线，要求发挥表率作用，以更高更严的要求，把各项要求刻印在全体党员特别是党员领导干部心上，使遵章守纪成为一种行动自觉。

党员领导干部还必须严格遵守宪法和法律，当好法治“排头兵”。领导干部做尊法学法守法用法的模范，是实现全面依法治国目标和任务的关键所在。事实证明，领导干部对法治建设既可以起到关键的推动作用，也可能起到致命的破坏作用。如果我们的领导干部不能尊法学法守法用法，不要说全面依法治国，不要说实现“两个一百年”奋斗目标、实现中华民族伟大复兴的中国梦，就连我们党的领导、我国社会主义制度都可能受到严重冲击和损害。一名党员干部能力有高低，但在遵纪守法上必须过硬，这个不能有差别。一个人纵有天大的本事，如果没有很强的法治意识、不守规矩，也不能当领导干部，这个关首先要把住。一方面，要加强教育、培养自觉，促使领导干部不断增强法治意识，养成法治习惯。另一方面，要加强管理、强化监督，设置领导干部法治素养“门槛”，发现问题就严肃处理，不合格的就要从领导干部队伍中剔除出去。决不能让那些法治意识不强、无法无天的人一步步升上来，这种人职务越高，对党和国家危害就越大。

领导干部不论职务多高、资历多深、贡献多大，都要严格按法规制度办事，坚持法规制度面前人人平等、遵守法规制度没有特权、执行法规制度没有例外。各级领导干部要带头依法办事，带头遵守法律，对宪法和法律保持敬畏之心，牢固确立法律红线不能触碰、法律底线不能逾越的观念，不要去行使依法不该由自己行使的权力，也不要去干预依法自己不能干预的事情，更不能以言代法、以权压法、徇私枉法，做到法律面前不为私心所扰、不为人情所困、不为关系所累、不为利益所惑。对来自群众反映政法机关执法办案中存在问题的举报，党员领导干部可以依法按程序批转，但不得提出倾向性意见，更不能替政法机关拍板定案。要把能不能依法办事、遵守法律作为考察识别干部的重要标准。要建立健全违反法定程序干预司法的登记备案通报制度和责任追究制度，对违反法定程序干预政法机关执法办案的，一律给予党纪处分；造成冤假错案或者其他严重后果的，一律依法追究刑事责任。

（三）营造风清气正的从政环境

与自然生态一样，政治生态也要山清水秀。努力营造风清气正、干事创业的从政环境，决定着能不能涌现一批好干部，能不能塑造一种好风气，能不能形成更为强大的改革发展合力。党的十八大以来，以习近平同志为核心的党中央坚持以零容忍态度惩治腐败，极大地推动了党风廉政建设，营造了风清气正的从政环境。

习近平总书记指出:“加强党的建设，必须营造一个良好从政环境，也就是要有一个好的政治生态。”政治生态是一个地方政治生活现状以及政治发展环境的集中反映，是党风、政风、社会风气的综合体现，核心是领导干部的党性、觉悟和作风问题。政治生态的状况，直接决定着从政环境的好坏。政治生态污浊，从政环境就恶劣；政治生态清明，从政环境就干净。正所谓，“风俗既正，中人以下，皆自勉以为善;风俗一败，中人以上，皆自弃而为恶”。一个好的从政环境，可使坏人不敢造次，而一个坏的政治生态，却使好人寸步难行。

安徽省萧县县委原书记毋某某收受他人财物 1900 万元，以受贿罪被处以无期徒刑。毋某某原本是有为之官，却因为“不合群”、不懂得“来事”，不参与“那一套”而备受官场冷落。毋某某调任萧县后“吸取教训”，在吃喝送请和“一团和气”中“努力与各级干部搞好关系”。他落马后曾说，萧县送礼厉害，每逢年节，各级官员就以汇报工作名义排队送礼，挡也挡不住。与他同时被处理的“送礼官员”便达 80 人之多，包括四套班子成员和十多名局长，而全县 23 个乡镇中，因此被摘掉乌纱帽的党政“一把手”就有 20 名。一个贪官与 80 名“送礼”的属下，究竟是谁带坏了谁？这就是政治生态和从政环境问题。

广东茂名有个年轻的大学生镇长，“努力工作卓有成效”，但因不懂“行情”，所以得不到提拔。大学生镇官终于醒悟，为了升迁镇党委书记，他抵押家产贷款5万元，又东拼西凑了20万元来“买官”，果然很快被提拔。这个大学生镇官，本来是个好人，但是工作再“卓有成效”，不捧上真金白银，也没有提升空间。在茂名官场，买官卖官早已成风，市辖6个县、区一二把手无一幸免，窝案涉及党政部门150个，至少159名官员行贿买官，在这样的“政治生态”下，洁身自好的大学生镇官无路可走，只好湿鞋“下水”。

从政环境是个大问题，被污染的从政环境会让在其中的所有党员干部“生病”。在某些官场，“圈子”和“山头”林立，买官卖官成风，谁也不能例外，受贿送礼成为“常态”，大家莫不如此，形成一种席卷的“官场文化”，结成一种可怕的“习惯势力”，几乎无人可以幸免。歪风邪气变为“规则”，你不成为“同道”，就被视为“异类”，以致寸步难行；你若要“抗拒”，那更是不见容于众，以致遭遇“逆淘汰”，遭受排挤和打击。经济学有一个著名定律叫“劣币驱逐良币”，这一定律也适用于从政环境不良的地方和单位。有的同志坚持原则，疾恶如仇，成为我行我素者的绊脚石，往往明枪易躲，暗箭难防；有的同志独善其身，不进“圈子”，领导层没有力挺的“靠山”，同事中没有帮腔的“哥们”，民主推荐时往往得票不多；有的同志埋头苦干，不混不赌，非但不能成为榜样，反倒成为被挖苦嘲讽的“另类”；有的注重学习，学有所成，结果往往不被重用。德才兼备，以德为先，是选人用人的基本原则，如果形成“劣币驱逐良币”的政治生态，那干部队伍中的“优者”也会被逼成“劣者”。

大力营造良好的政治生态和从政环境，具有重要意义。没有良好的政治生态和从政环境，党和国家各项工作就难以有序开展、高效推进，还会助长庸俗乃至病态的官场文化，甚至为腐败滋生提供土壤。

同时，政治生态和从政环境如何，也直接影响着社会。政治清明，则社会和谐稳定、干部群众心情舒畅；反之，则容易积聚不满和怨气，甚至诱发种种社会矛盾和冲突。治愈某些官场“政治生态”的“病态”，必须以雷霆之势立说立行，不能因为积重难返就“慢慢来”，不能因为顽固不化就“等一等”。治疗“生态病”，要从刮骨疗毒开始，保持反腐高压常态，使“盘根错节，一朝倾覆”。只有营造一个良好的政治生态和从政环境，才能从根本上确保广大党员干部尤其是领导干部走为民务实清廉的正道，不入贪腐奢靡的歧途。这是我国政治文明建设的重要内容，也是实现国家治理体系和治理能力现代化必须面对的现实课题。

党的十八大以来，党中央以加强作风建设为切入点，从严管党、全面从严治党，出台中央八项规定，强固“打铁必须自身硬”，开展教育实践活动，在涤荡“四风”中扫除影响政治生态的沉疴顽疾，在“打虎”“拍蝇”中剜除破坏政治生态的恶性毒瘤。以作风建设澄净从政环境，积极优化政治生态，一批腐败分子受到查处，树立了党的威信，赢得了民心。对作风之弊和行为之垢来一场大扫除，对那些长期见怪不怪的官场旧习惯和潜规则来个釜底抽薪，并在建章立制上下功夫，确保从源头上解决问题，在全党全国层面上明显改善了政治生态。但我们也必须认识到，冰冻三尺非一日之寒，作风建设永远在路上，营造一个良好从政环境绝非朝夕之功。唯有切实贯彻落实习近平总书记的要求，抓常、抓细、抓长，让已经采取的措施、形成的机制落地扎根，让已经取得的成效发展巩固，才能彻底改善政治生态。

营造良好的从政环境要从领导干部抓起。“夫欲影正者端其表，欲下廉者先之身。”如果一个上级领导能够重任在肩、如履薄冰，其下属就会以此为鉴，政治生态环境自然会“潮平两岸阔，风正一帆悬”。干部清正、政府清廉、政治清明，这是营造良好从政环境、建设好的政治生态的目标。要突出领导干部这个关键，教育引导各级领导干部立正身、讲原则、守纪律、拒腐蚀，形成一级带一级、一级抓一级的示范效应，积极营造风清气正的从政环境。各级领导干部要将“为民务实清廉”内化为从政信念，讲修养、讲道德、讲廉耻，追求积极向上的生活情趣，恪守为官用权的官德，营造良好从政环境才有坚实之基。为政清廉才能取信于民，秉公用权才能赢得人心，各级领导干部要在对照中找差距查不足，常怀戒惧和敬畏之心，不断反省、不断提高。

营造良好从政环境的根本要靠制度建设。抓作风既要着力解决当前突出问题，又要注重建立长效机制，下功夫、用狠劲，持续努力、久久为功。让权力在阳光下运行，通过完备、严密的制度设计制约权力的使用、规范从政行为，就一定能够有效打破关系网、抵制潜规则，为营造良好的政治生态和从政环境提供有力的保障。通过制度建设科学配置权力，确保权力运行公开、透明、规范。加强对权力运行的制约和监督，把权力关进制度的笼子里，形成不敢腐的惩戒机制、不能腐的防范机制、不易腐的保障机制。不断增强党内生活和党的建设制度的严密性和科学性，既建立实体性制度，又形成程序性制度；既明确应该怎么办，又明确违反规定怎么处理，推进党的建设科学化、制度化、规范化。当前，对权力的约束和规范大大提速，随着巡视、纪检监察、信访等相关制度的改革完善，惩防体系建设正在整体性、全面性地推进，制度的篱笆扎得越来越实。

营造良好的从政环境特别要处理好选人用人问题。用一贤人则群贤毕至，见贤思齐就蔚然成风。干部选拔对于整个干部系统、对于社会风气和政治生态的影响十分深远。坚持德才兼备、以德为先，支持改革者、鼓励创业者、批评空谈者、追责懒政者，不让老实人吃亏，不让钻营者得利，使德才兼备的干部不跑不送、不拉关系就能得到重用，使跑官要官、买官卖官、拉关系的干部没有市场，坚决打击“突击提拔”“任人唯亲”“拉票贿选”“造假骗官”等恶劣问题。深化干部人事制度改革，增强民主推荐、民主测评的科学性，科学把握“群众公认”，防止片面“以票取人”。落实干部监督制度，坚决同用人上的不正之风进行斗争。

【延伸阅读】

营造风清气正的政治生态

2018年全国“两会”期间，习近平总书记在参加重庆代表团审议时强调指出：“政治生态同自然生态一样，稍不注意就容易受到污染，一旦出现问题再想恢复就要付出很大代价。形成风清气正的政治生态，是旗帜鲜明讲政治、坚决维护党中央权威和集中统一领导的政治要求，是持之以恒正风肃纪、推动全面从严治党向纵深发展的迫切需要，是锻造优良党风政风、确保改革发展目标顺利实现的重要保障。”这一重要论述，是我们推动全面从严治党向纵深发展、形成良好政治生态的重要遵循。

党的十八大以来，以习近平同志为核心的党中央坚定不移推进全面从严治党，坚持思想建党和制度治党紧密结合，集中整饬党风，严厉惩治腐败，党内政治生态明显好转。同时我们也要清醒认识到，“七个有之”等问题尚未从根本上得到解决，违背党的政治路线、破坏党内政治生态的问题依然存在，反腐败斗争形势依然严峻复杂，重构政治生态的任务艰巨繁重。中国特色社会主义进入了新时代，我们党要团结带领人民进行伟大斗争、建设伟大工程、推进伟大事业、实现伟大梦想，必须以风清气正的政治生态凝聚推动党和人民事业发展的强大能量。

抓政治建设。政治建设是党的根本性建设，党内存在的很多问题就是因为党的政治建设没有抓紧、没有抓实、没有抓好。要坚决维护党中央权威和集中统一领导，牢固树立“四个意识”，坚定“四个自信”，严守党的政治纪律和政治规矩，在政治立场、政治方向、政治原则、政治道路上同以习近平同志为核心的党中央保持高度一致。要严肃党内政治生活，坚持和完善民主集中制，用好批评和自我批评这个武器，增强党内政治生活的政治性、时代性、原则性、战斗性。要自觉加强党性锻炼，对党忠诚、个人干净、敢于担当。

抓“关键少数”。各级领导干部要自觉担当领导责任和示范责任，形成“头雁效应”。要旗帜鲜明讲政治，不折不扣贯彻党的基本理论、基本路线、基本方略，坚决防止和纠正自行其是、各自为政，有令不行、有禁不止，上有政策、下有对策。要坚持法治、反对人治，带头在宪法法律范围内活动，严格依照法定权限、规则、程序行使权力、履行职责。要明大德，铸牢理想信念、锤炼坚强党性；守公德，强化宗旨意识，全心全意为人民服务；严私德，严格约束自己的操守和行为，把家风建设摆在重要位置，坚持从小事小节上加强修养，慎独慎初慎微慎欲，管好生活圈、交往圈、娱乐圈，增强拒腐防变的免疫力。

抓教育引导。要坚持不懈强化思想教育和理论武装，教育引导党员干部坚定理想信念，深入学习贯彻习近平新时代中国特色社会主义思想。要注重加强党内政治文化建设，倡导和弘扬忠诚老实、光明坦荡、公道正派、实事求是、艰苦奋斗、清正廉洁等价值观，旗帜鲜明抵制和反对关系学、厚黑学、官场术、“潜规则”等庸俗腐朽的政治文化，不断培厚良好政治生态的土壤。要重视发挥道德教化作用，引导全社会积极培育和践行社会主义核心价值观，树立良好道德风尚，防止封建腐朽道德文化沉渣泛起。

政治生态建设是一项系统工程，要靠全党上下长期不懈努力，以良好党风带动政风民风，使政治生态“山清水秀”。

（摘编自《求是》2018 年第 11 期，作者：郑平）

十一、不要护犊子

在我们党长期执政条件下、在改革开放和社会主义市场经济环境中，管众人、管大家的人，首先要管好自己的小家，要注重家庭、家教、家风，要操操心，不要护犊子。习近平总书记在十八届中央政治局“三严三实”专题民主生活会上专门强调了这个问题，要求中央政治局委员“对亲属子女和身边工作人员，要严格教育、严格管理、严格监督，发现问题及时提醒、坚决纠正”。习近平总书记在第十八届中央纪律检查委员会第六次全体会议上的讲话中又再一次重申：“我在这里跟大家语重心长嘱咐，要操这点心，家里那点事有时不经意可能就溜过去了，要留留神，防微杜渐，不要护犊子。”

（一）家里那点事有时不经意就溜过去了

“家里那点事有时不经意可能就溜过去了”，家风败坏已成为“出事”之因，这在一次次“打虎”“拍蝇”中得到了充分的验证。从近年来查处的腐败案件看，家风败坏往往是领导干部走向严重违纪违法的重要原因：不少领导干部不仅在前台大搞权钱交易，还纵容家属在幕后收钱敛财，子女等也利用父母影响经商谋利、大发不义之财；有的将自己从政多年积累的“人脉”和“面子”，用在为子女非法牟利上，其危害不可低估……这些教训不可谓不令人痛心，又发人深省。

古语有云：“将教天下，必定其家，必正其身。”“莫用三爷，废职亡家。”“心术不可得罪于天地，言行要留好样与儿孙。”特别是“莫用三爷，废职亡家”这句清朝官场上流传的谚语，直到今天还能给我们深刻启示。这里所说的“三爷”，并非一个人，而是指三种人：“子为少爷，婿为姑爷，妻兄弟为舅爷。”这少爷、姑爷和舅爷“三爷”，“未必才无可用”，但居高位者，决不可将之倚为心腹，委以重任。否则，这些人“内有嘘云掩月之方，外有投鼠忌器之虑。威之所行，权辄附焉;权之所附，威更炽焉”，一旦权力落入彼等之手，就不免狐假虎威，残民以逞，“通贿赂，变是非”，“弊难枚举”，最终就不免落得个“废职亡家”的结局。这一古训实际上是总结了一条十分重要的历史经验，深刻揭示出身为领导干部若想清正廉洁，洁身自好和严于律己固然重要，同时还要“当好家里人、管好家里人”，不可给予他们“借权任性”的空间，尤其不可一味任用至亲，“一用子弟至亲，百弊丛生”。

“家之兴替，在于礼义，不在于富贵贫贱。”知礼仪、重家风是中华民族的优秀传统。因家风清廉质朴、善良守信、进取有为而赢得赞誉的古今名人不胜枚举。包拯严厉要求其后代不犯脏滥、不违其志，否则就不是包家子孙，死了也不得葬在包家祖坟。岳母姚氏在岳飞背上刺下“精忠报国”四个大字，岳飞又严格教育参战的儿子，一心报国。清代名臣林则徐留给后辈的家训说：“子孙若如我，留钱做什么？贤而多财，则损其志；子孙不如我，留钱做什么？愚而多财，益增其过。”好的家风如同无声的教诲，助人立德立言、成人成才，让后人铭刻在心、代代受益。因此，不论时代发生多大变化，不论生活格局发生多大变化，我们都要重视家庭建设，注重家庭、注重家教、注重家风。

在培育良好家风方面，老一辈革命家为我们作出了榜样。毛泽东同志在家风上坚持三条原则：“恋亲不为亲徇私，念旧不为旧谋利，济亲不为亲撑腰。”毛泽东同志对待子女总是要求他们与群众一样，不允许搞特殊化，他常说的一句话是：“谁叫你是毛泽东的儿女呢？”无论是对待毛岸英的婚姻问题，还是对待李讷的上学问题，毛泽东同志都是这一句话。周恩来同志曾专门召开家庭会议，并定下不谋私利、不搞特殊化的“十条家规”：一是晚辈不准丢下工作专程来看望他，只能在出差顺路时去看看；二是来者一律住国务院招待所；三是一律到食堂排队买饭菜，有工作的自己买饭菜票，没工作的由总理代付伙食费；四是看戏以家属身份买票入场，不得用招待券；五是不许请客送礼；六是不许动用公家的汽车；七是凡个人生活上能做的事，不要别人代办；八是生活要艰苦朴素；九是在任何场合都不要说出与总理的关系，不要炫耀自己；十是不谋私利，不搞特殊化。陈云同志为亲人定下“三不准”：一是不准家人搭乘他的车；二是不准家人接触他看的文件；三是不准家人随便进出他的办公室。罗荣桓至死不渝坚持生活不要特殊化，他多次强调“生活不要特殊化，一味追求舒适的生活，讲究吃穿，贪图享受，就要变坏的”，直至弥留之际嘱咐爱人“我死以后，分给我的房子不要再住了，搬到一楼的房子去，不要特殊”，交待子女说：“我没有遗产留给你们，没有什么可以分给你们的。爸爸就留一句话：坚信共产主义这一伟大真理，永远干革命。”这些家规严、家风正的佳话，既彰显了共产党人特有的风骨，也为今天的干部树立了榜样。

要防止“家里那点事有时不经意可能就溜过去了”，领导干部特别是高级领导干部对家风建设方面存在的不足要保持警醒。一方面以自身清正为家人、亲朋和身边工作人员树立标杆，堂堂正正，坦然阳光;另一方面务必严格要求并时时提醒、监督家人和身边人，以免“后院起火”、养痈遗患。同时，对那些所谓的“三爷”一类人，领导干部的近亲属包括子女等至亲，更不能无动于衷，也要警醒起来。正如习近平总书记所说：“干部子弟也要遵纪守法，不要以为是干部子弟就谁都奈何不了了。触犯了党纪国法都要处理，而且要从严处理，做给老百姓看。”当然，对于干部子弟不能贴标签或者污名化，作为一种提醒，他们比别人多一些自律、多一些低调，自然是应该的。干部子弟不是无人能管，事实恰恰相反，那些以“官二代”身份招摇、有恃无恐的“三爷”出了问题，不仅是自己要受到更加严厉的惩治，而且往往是“坑爹坑娘”。有的父母原本是老实本分的公务员，辛苦一辈子熬到某个级别，因为对子女管教不严栽了跟斗，闹到最后脸面全无。有的父母本身就有问题，对子女纵容袒护，结果子女出了事，深挖线索，父母也难逃法网。

“莫用三爷，废职亡家”，不同时代背景与制度环境下，会有不同的表现。当然，如果不违反相关的法律法规，“三爷”们也未必就一概不能当公务员或者经商。但是，如果处理不好与“三爷”成长、发展紧密相关的家风问题，不想着"防微杜渐"，发现苗头还要"护犊子"，那么，"废职亡家"的结局将是必然的。

（二）官员"护犊子"绝不是家事

官员贪腐，原因相当复杂，容易被忽视的原因往往来自配偶和子女。所以，自古以来，官员家事，应在详审之列，亦必谨慎对待。因此，领导干部必须注重家风建设。古今论政，莫不述及此事，并被视为"官箴"；家训、家规等更不知凡几。因为，领导干部掌握着公权力，有的还是"大人物"；所以其配偶和子女的言行，也因公权影响和公众视线而延展放大。倘不知轻重，骄横跋扈，自会有非议；若谨言慎行，谦恭有礼，也会有佳评。总之，领导干部的家事，往往含着政事。愿意也好，不愿意也好，现实大抵如此。习近平总书记指出："领导干部的家风，不是个人小事、家庭私事，而是领导干部作风的重要表现。"定其家、正其身，对为官者而言，应该更加清醒地认识到，这绝非关上门无人管的"私家小事"，而是事关党风社风的"公家大事"。

父母是孩子最好的老师，家庭是孩子的第一课堂，有什么样的家长就有什么样的孩子，有什么样的家风传承就有什么样的思想熏陶，就有什么样的价值观、人生观。好的家风对于子女是一笔宝贵的精神财富，会影响其一生，让其终身受益，坏的家风则既害了孩子也害了自己。刘铁男在儿子刘德成小时候便告诉他，"做人要学会走捷径，要做人上人"。其子"从小就觉得钱是万能的，有了钱就有了一切"，当其子弄权敛财时，他怎么可能秉公用权？2015 年 10 月 17 日，中央纪委在河北省委原书记、省人大常委会原主任周本顺被"双开"的通报中，首次使用了"家风败坏"这个词语。通报指出，周本顺为其子经营活动谋取利益，家风败坏，对配偶子女放任纵容。

修身是基础，治家却是本事，有的官员管得住自己躁动的心，却往往管不住家人和变异的亲情，此时家庭和家人恰成为其软肋，一念之间便铸成大错。有些官员的“爱子”则体现为“护犊子”，一些官员所领悟的亲情之本偏离了正道，不育德行，反灌输特权思想；不育清正，反拉入同流合污；不育自立，反尽予钱财方便。孩子幼时娇惯溺爱，孩子长大了自然不成器。这时候，为官的父母或是利用自己的权力、影响在子女工作、提拔等方面给予关照，或是给子女的经商行为提供便利创造条件，或是让子女、亲属充当自己钱权交易的代理人和掮客。周永康的大儿子凭官倒谋利，郭伯雄曾叹气说儿子郭正纲以后是个大麻烦，令计划的问题更是由于违纪处理自己儿子的车祸事件而浮出水面。然而，这样做的结果最终会害了孩子。一旦事发，就是全家进监狱，家破人亡，许多“大老虎”都落得如此下场。

越是领导干部特别是位高权重的领导干部，越要清醒自律，尤其要教育、约束自己的配偶和子女。一个领导干部连自己的配偶、子女都管不好、束不了，何以服人治事。还可以深想，如果三亲六故热衷参与领导的党务、政务、商务活动，不是为了捞好处，又会是什么？当然，关键还是领导干部的自我要求，公事私情，楚河汉界，了了分明，绝不能满不在乎甚至姑息纵容。同时配偶、子女要有自知之明。中国古代最著名的家训，如《颜氏家训》《朱子格言》，有许多是写给官员的配偶和子女的，其中重要的一点，就是要摆正自己的位置，不要把配偶、子女的公事当成自己的家事，仗势欺人，借权谋利。领导的家属更应该奉公守法，诚实守信，不做非分之想，不干非分之事。这才是对为官者的支持。①

诚然，对子女乃至家人、亲朋的“溺爱”之举，已然不再是私事、

① 参见金采薇：《官员家事，可不慎乎！》，载《人民日报》2014年7月28日。

家事，而是事关公权公利，事关广大人民群众切身利益和政治生态的大事要事，特别是身居要职、自律不严者，更要防止其溺爱失度，演化为辐射多人、共牟私利的贪腐之举。亲情或许是感性的，但反腐治家却需要理性，需要一股强大的“规矩”力量介入。“历览前贤国与家，成由勤俭败由奢”，每一个官员的小家，无不事关国之清正安定，丝毫马虎不得。因此，管好领导干部的“家事”，树立良好家风，除了教育、引导、提醒，还应该有制度规范。公开领导干部的权力清单、职责范围以及领导干部财产、亲属从业情况等个人事项，充分发挥社会各界的监督作用，监督范围要扩展到领导干部八小时之外的消费和社交，扩展到他们特定关系人的违法违纪行为。及时曝光，严肃查处。最重要的是加强制度规范，要求领导干部按照廉洁自律的各项规定约束配偶、子女、身边工作人员，加强对配偶、子女均已移居国（境）外的“裸官”的管理等。对于已有规定的干部亲属任职、提拔回避制度等，严格落实，再由不得“限期整改”一类的软弱举措，而要从现实层面明明白白限定红线尺度，可为与不可为、该做与不该做，都要规定得一清二楚。近年来，“领导干部个人有关事项报告”“禁止官员亲属经商”等规定都卓有成效，再加上各地方奠于基础的延伸，管住干部的同时，家人也一并被“规矩”二字“套住”。只不过，一些地方、个别“漏网之鱼”，仍然存在一种游离状态，家人、亲朋肆无忌惮，却偏不见严惩。倘若自己管不下来，严规细则就一定要能管住，这也正是当前所需再有提升的地方，凡涉作风问题乃至贪腐问题，本人家人，一视同仁，绝不能隔了一道“权力墙”就让硕鼠潜逃。

（三）要操点心、留留神、防微杜渐

“将教天下，必定其家，必正其身。”家风对于个人、家庭、社会和国家的发展都具有重要意义。古往今来，无数案例佐证这朴实的大道理：家风好，就能家道兴盛、和顺美满；家风差，难免殃及子孙、贻害社会。进而言之，“一家仁，一国兴仁；一家让，一国兴让”。换言之，千家万户都好，国家才能好，民族才能好。

与普通民众相比，领导干部更应该在家人家事家风上操点心留留神，抓好自身修行，管好家人，培育和建设良好家风。《中国共产党廉洁自律准则》《关于新形势下党内政治生活的若干准则》《中国共产党内监督条例》，均要求领导干部带头树立良好家风。比如《关于新形势下党内政治生活的若干准则》就明确提出：“领导干部特别是高级干部必须注重家庭、家教、家风，教育管理好亲属和身边工作人员。”“欲治其国者，先齐其家。”值得一提的是，习近平总书记就受益于良好家风。据《习仲勋传》记述，一次，习近平的母亲齐心告诉孩子：“家中的小事不能影响工作。”习仲勋接着说：“大事也不能影响工作！”这一家风，深刻地影响了习近平日后的工作态度。习近平曾致信父亲称：一是学父亲做人，二是学父亲做事，三是学父亲对共产主义信仰的执着追求，四是学父亲的赤子情怀，五是学父亲的俭朴生活。从习近平身上，我们也能看到这些优秀品质。

“欲影正者端其表，欲下廉者先之身。”在家人家事家风上操点心留留神，首先是正人先正己，正己才能正亲。党员领导干部想要亲属、下属廉洁，先要自身廉洁，廉政的根源在领导本人。如果自身都是当面一套、背后一套，台上大讲反腐，回家大肆受贿，怎能立起好家风？要求别人不能做的，却想着法子为自己或家人行方便、开“绿灯”，这样的做派，又怎能服人？习近平指出：“当官就不要发财，发财就不要当官。”因此，领导干部要加强党性修养，始终坚定共产主义信仰、中国特色社会主义信念；要牢固树立公仆意识，自觉克服特权思想，低调做人。只有自觉做到廉洁自律、清白做人、干净做事，并为配偶、子女作出好的榜样，树立一个好的形象，才有较强的说服力和教育示范作用，为树立清廉家风奠定良好基础。[①]其次是要严格教育和管理家人。2015年12月28日至29日，习近平总书记在中央政治局专题民主生活会上指出："中央政治局的同志不能有权力上、地位上的优越感。无论公事私事，都要坚持党性原则，都要加强自我约束，鼓励和欢迎下级和身边工作人员监督，不折不扣执行党的纪律和规矩。对亲属子女和身边工作人员，要严格教育、严格管理、严格监督，发现问题及时提醒、坚决纠正。"严是爱，宽是害。领导干部严格要求家人，既是对家庭的负责，更是对家人的爱护。"国计已推肝胆许，家财不为子孙谋。"党员领导干部要教育家属、子女不搞特殊化，不打着自己的旗号收受好处，乱说话，乱办事，更不能默许他们利用特殊身份谋取非法利益；对亲属决不能因为亲情而睁一只眼闭一只眼，一旦发现亲属有利用自己职权谋利的倾向，就要坚决制止，防止小错酿成大祸，保证家庭风清气正。

【延伸阅读】

领导干部要做好家庭建设这道"必答题"

家庭是社会最基本的组成单位，家风是民风和社风的风向标，领导干部的家庭建设特别是家风建设具有很强的导向性。新时期新形势对领导干部的家庭建设提出了更高的要求，《关于新形势下党内政治生活的若干准则》规定，"领导干部特别是高级干部必须注重家庭、家教、家风"。

面对或大或小的权力诱惑，如何把握权力的边界？摆正家庭角色

① 参见《廉洁奉公，从"小"做起》，载共产党员网2016年12月16日。

与职业角色的位置对于领导干部来说是关键，是一道“必答题”。通过分析近年来落马官员的堕落轨迹，不难发现他们绝大多数的职业角色与家庭角色发生了严重的错位和越位。有的在家庭角色与职业角色的不清晰边界游走，最终迷失；有的将公权私用，家庭私域随意侵占权力公域，把家庭利益看得高于一切，亲情压倒党纪国法，纵容或默认亲属通过权势和关系网寻租。领导干部家庭角色的错位，使领导干部一味放大家庭的经济功能和养育功能，片面追求家庭物质生活质量的改善，忽略了家庭的教育功能，特别是父辈对下一代健康成长的教育引导严重缺失，家风日下、家规失守，导致家庭发展目标的背离。

从近年来查处的腐败案件看，家风败坏，往往是领导干部走向严重违纪违法的重要原因。中纪委近年所披露的大量落马官员的贪腐案例也印证了这一事实，违纪涉及亲属、家属的比例高达 60% 以上，即有六成以上的问题官员都存在利用职务上的便利为亲属经营活动谋取利益的不当行为。这些被查处的党员领导干部的违纪违法行为几乎都与家庭成员有着直接或间接的关系，其所造成的社会负效应很大，给我们党的形象造成了极坏的影响。因此，迫切需要加强领导干部的家庭建设，特别是家风建设，以良好的家风净化与美化政风、民风和社风。

树立正确认知，把领导干部家庭建设摆在重要位置。2015 年 2 月，习近平总书记在主持中央深改领导小组第十次会议时明确阐明了领导干部家风建设的重要性，“领导干部的家风，不是个人小事、家庭私事，而是领导干部作风的重要表现”。2016 年 1 月，他在十八届中央纪委六次全会上又进一步强调指出，“每一位领导干部都要把家风建设摆在重要位置，廉洁修身、廉洁齐家，在管好自己的同时严格要求配偶子女和身边工作人员”。为此，各级党组织要把家风建设作为党风廉政建设的重要一环，要破除把家庭作为个人私域的片面思维，应充分认识到领导干部的家庭建设特别是家风建设是一个惠及全党、全社会的系统工程，是一个常态的、不间断的、恒久的行动目标，必须常抓不懈。

加强正面引导，使家庭美德和淳厚家风真正入脑驻心。加大宣传教育力度，积极利用与家庭相关的重大节日，如国际家庭日、三八妇女节，传播积极的家庭文化，传承革命前辈树立的治家典范和优良家风。回顾中共党史，许多老一辈革命家身体力行，在家庭建设方面积淀了许多优良传统，是党风廉政建设的宝贵财富。毛泽东曾经指出："要教育我们的干部子弟不要靠父母，不要靠先烈，要完全靠自己。"周恩来曾在家庭成员会议上定下"十条家规"，严格要求亲属不搞特殊化。这些家庭教育思想和教育模式都值得今天的党员领导干部学习。与此同时，基层党组织应定期举办党员干部清正廉洁持家的示范家庭评比活动，加强示范引导与教育，释放正能量。

加强制度法规建设，构筑坚固的家庭防腐堡垒。习近平总书记在谈及家风问题时明确警示党员干部"不要护犊子，干部子弟也要遵纪守法，不要以为是干部子弟，就谁都奈何不了了，触犯了党纪国法都要处理，而且要从严处理，做给老百姓看"。这意味着腐败零容忍的制度建设必须延伸至家庭，要把家庭置于反腐败斗争的监管场域。为此，要不断完善领导干部个人与家庭重大事项报告制度，从严制定领导干部直系亲属从业回避制度，建立健全党员领导干部家庭主要成员在内的征信体系，明确领导干部应遵循的家庭伦理规则及行为规范准则。与此同时，还要进一步完善领导干部家庭的警示教育参与机制，领导干部及其家庭成员应定期参与家庭沦陷式贪腐案的警示教育，警钟长鸣，从而使领导干部家庭成为防腐拒蚀、清廉为官的坚固屏障。在加强制度建设的同时，还要注重人文关怀，整合多方资源和力量，加快构建党员领导干部心理疏导和家庭危机干预机制，建立领导干部心理档案，为心理高危干部或发生重大家庭变故的党员干部群体及时提供心理健康与家庭咨询服务，提高领导干部的心理抗压能力与家庭发展能力。

重视自身修养，率先垂范正家风。党员领导干部既是社会主义新征程的领跑者，又是一家之主，一定要自觉摆正党性与亲情、党风与家风的关系，修身养性，正己正人。要树立正确的家庭观，将家庭发展小目标融入社会发展大目标之中，及时修正角色认知偏差，慎用权力，决不能把公权视为给自己和家庭成员谋取私利的工具。应高度重视家庭教育，要从严治家，勤俭持家，严格管好、管住身边的子女和亲属，正家风，立家规，力求使严格的家规与优良的家风真正内化为家庭成员共同的价值追求和行为规范。要加强个人修为，增练内功，追求健康的生活方式。习近平总书记多次指出："读书可以增智明理、怡情养性、升华境界、滋养心灵。"党员干部要以身作则，把读书作为一种生活方式，"要在家庭中营造一种崇尚学习的氛围，让家人从书本中得到更多的启迪和收获，从学习中丰富知识、提升素养、明白事理，养成好学向上的家风"。领导干部只有自觉追求健康的工作方式和生活方式，久久为功，庸俗的东西才能近不了身。总之，党员领导干部只有把内功练好了，党性增强了，家风扶正了，才有可能使自己和家人免于滑入被围猎的陷阱。

［摘编自《群众》（决策资讯版）2018年第10期，作者：倪洪兰］

十二、不能在个人重大问题上隐情不报

严格执行个人重大问题请示报告制度，是新形势下加强和规范党内政治生活、推进全面从严治党的重要举措。但从党内政治生活现状和近年来查处的一些违纪违法典型案例中可以看出，一些领导干部在执行请示报告制度方面存在不少突出问题，亟待从严格制度执行和制度约束上加以解决。请示报告制度看似比较具体，但决不是什么小事一桩。党员干部在工作中不请示、不报告，是组织观念淡薄、纪律约束松弛的表现，同时这种现象又往往同其他问题交织在一起。这种现象一旦泛化，必然会带来党的领导弱化、党的建设缺失、全面从严治党不力等一系列衍生问题。因此，习近平总书记在第十八届中央纪律检查委员会第五次全体会议上对党员领导干部提出明确要求，不能在个人重大问题上隐情不报，并多次强调领导干部要有组织观念、程序观念，该请示的必须请示，该报告的必须报告，决不能我行我素，决不能遮遮掩掩甚至隐瞒不报。

（一）有些领导干部个人重大问题不报告

重大问题要请示报告是党的重要纪律和规矩，是中国共产党的一贯要求。1923 年 12 月，党中央在《中央通告》中就有关工作要求“各地方务须随时报告区委员会，各区会务须随时报告中局”。1928 年 11 月毛泽东同志所写的《井冈山的斗争》就是给党中央的报告，全面报告了当时根据地的实际情况，成为执行请示报告制度的典范。1942 年 9 月中央政治局通过的《中共中央关于统一抗日根据地党的领导及调整各组织间关系的决定》要求：“在决定含有全国全党全军普遍性的新问题时，必须请示中央，不得标新立异，自作决定，危害全党领导的统一。”1948 年 1 月，毛泽东同志为中央起草《关于建立报告制度》的党内指示；同年 9 月，党中央政治局通过《中共中央关于各中央局、分局、军区、军委分会及前委会向中央请示报告制度的决议》。1953 年 3 月，党中央发出《关于加强中央人民政府系统各部门向中央请示报告制度及加强中央对于政府工作领导的决定（草案）》予以试行。1956 年 9 月，党的八大通过的党章明确要求：“党的下级组织必须定期向上级组织报告工作。下级组织的工作中应当由上级组织决定的问题，必须及时向上级请求指示。”党的十一届三中全会之后，党的建设在拨乱反正中逐步走上正轨，请示报告制度得到恢复和健全。1982 年党的十二大通过的党章直至 2017 年党的十九大修改后的党章都明确规定：“党的下级组织既要向上级组织请示和报告工作，又要独立负责地解决自己职责范围内的问题。”

党的十八大以来，以习近平同志为核心的党中央高度重视重大问题请示报告问题。习近平总书记多次发表重要讲话，突出强调了请示报告制度问题。他指出：请示报告制度是我们党的一项重要制度，是执行党的民主集中制的有效工作机制，也是组织纪律的一个重要方面；作为干部特别是领导干部，在涉及重大问题、重要事项时按规定向组织请示报告，这是必须遵守的规矩，也是检验一名干部合格不合格的试金石；领导干部要有组织观念、程序观念，该请示的必须请示，该报告的必须报告。习近平总书记这些重要论述和明确要求，深刻指出了严格执行请示报告制度的重要性，具有很强的现实针对性和教育警示意义。

近年来，严格落实领导干部个人重大问题、有关事项报告制度，切实加大谈话函询力度，绝大多数党员领导干部能够按规定认真如实报告个人重大问题、有关事项，特别是群众反映有问题的党员领导干部，大多数也能够主动向组织讲清问题、承认错误，接受教育和挽救。但是也有极少数党员领导干部置组织的关心爱护于不顾，对党不忠诚不老实，心存侥幸，在报告个人重大问题、有关事项和谈话函询时，要小聪明、兜圈子、绕弯子，避实就虚，回避问题，有的甚至屡次隐瞒实情填报虚假信息、屡谈不认、拒不配合，有些党员干部该报告时却不报告，有些党员干部虽然报告了，看起来态度比较老实，却不讲真话，故意欺骗组织，要么不敢报告甚至干脆不报告，要么抱着侥幸心理，即便报告了，也不如实报告，对组织蒙一头盖一脚。

习近平总书记多次强调这方面存在的问题。2014 年 1 月 14 日，习近平总书记在十八届中央纪委三次全会上的讲话中指出，“当前，在请示报告制度方面存在不少问题。有的干部目无组织，干了什么、人跑到哪里去了，组织上都不知道，泥牛入海无消息。有事要找他，众里寻他千百度，颇费周折”，“有的领导干部不知哪来的神通，办了好几个身份证，违规办了因私护照甚至持有外国绿卡，有的有几本港澳通行证，有的把老婆孩子都送到国外去了，根本没给组织上说一声，没把组织当回事！”[①]2015 年 1 月 13 日，习近平总书记在第十八届中央纪律检查委员会第五次全体会议上再一次指出:“有些领导干部个人重大问题不报告。不是说非要家里出了命案才需要报告。有的同志有重病不报，对所有人都隐瞒了，最后病危了组织还不知道，场面上的工作都干不了了，但就是不说，最后命都给耽误没了。有的子女家属长期在国外也不报告，在国外定居的按规定要报告，但他们也不是正式定居，就觉得可以不报告。有的家庭发生重大变故不向组织报告，离婚、结婚多少年了，组织都不知道。有的弄了很多证件，护照好几本，还有假身份证。”并指出“有的干部脱岗离岗了，不向组织汇报，借口说有些是私事，应该有‘自由空间’”。

分析近年来媒体曝光的典型案例不难发现，有些领导干部个人重大问题不报告，很可能是因为隐藏着大问题而不敢汇报。违反中央八项规定，拿着公款跑到外地或者国(境)外旅游，敢报告吗？腐化堕落，察觉势头不妙，企图金蝉脱壳逃往国（境）外，敢报告吗？更值得注意的是，有些党员干部设法隐瞒个人去向，意在“明修栈道，暗度陈仓”。比方说，江西省原副省长胡长清曾代表省政府到昆明为世博会江西馆开馆剪彩，之后从会场消失，偷偷跑到广州为情人办事。2014 年 10 月 21 日至 26 日，广州市西汉南越王博物馆馆长吴凌云未遵守广州市文化广电新闻出版局外出请示报告制度，没有提前书面请假或向分管局领导口头请假，私自赴石家庄邢台商谈邢台文物赴广州展览事宜、赴河北磁县参加学术研讨会和赴武汉探亲。不如实报告个人事项，违反了党的组织纪律，会受到相应的处分。习近平总书记多次强调:“该请示报告的不请示报告，或者不如实请示报告，那就是违纪，

①《十八大以来重要文献选编》(上)，中央文献出版社 2014 年版，第 768 页。

那就要严肃处理，问题严重的就不能当领导干部。”①

党员干部如果按要求报告个人重大问题，遵从组织意见、接受组织管理，有了毛病就能及时得到纠正，而不会怙恶不悛越陷越深。否则，那可是一个非常危险的信号，哪怕暂时蒙混过关，但总有露馅并被问责的时候，岂不是耍小聪明吃大亏。能否按要求报告个人重大问题，是检验党员干部能否对党忠诚老实、能否守纪律讲规矩以及组织观念强不强、组织纪律严不严的一块试金石。该报告的必须报告，不仅应该及时报告，而且应该如实报告，一旦组织纪律观念淡薄，来无影去无踪，该报告却不报告，或者虽勉强报告却不如实报告，不仅算不上合格党员，更是顶风违纪的表现，岂能得到组织的姑息迁就？习近平总书记谆谆告诫全党：“请示报告不是小事，不要满不在乎，这些年来一些干部出事就出在这个上面。”“对不请示报告的干部，党组织要格外注意，可能就是要出问题的前兆。”所以，广大党员干部必须严格执行请示报告制度，按要求应该报告个人有关重大问题的，必须报告，决不能心存侥幸跟组织“躲猫猫”。

（二）整治“裸官”的撒手锏

“裸官”并非新名词，回顾已经查明的“裸官”案件，不难看出，其往往具有鲜明的特点。“裸官”并不都是贪官，但也不排除一些腐败分子本身就是“裸官”。他们第一步先是通过各种渠道把配偶、子女移居到国（境）外，自己在国内“裸身做官”，搞贪污腐败，伺机向国（境）外转移赃款，一有风吹草动就择机潜逃。

近几年来，从中央到地方，一直没有停止“裸官”治理的脚步，从2009年深圳市最先出台规定限制“裸官”任职，到2013年宁波市

①《十八大以来重要文献选编》（上），中央文献出版社2014年版，第768页。

出台规定不受理“裸官”报考后备干部；从广东省对866名拒绝接回家人的“裸官”进行调岗，到北京市对46名处级“裸官”调整工作岗位，各级党组织和组织人事部门对“裸官”危害的认识更加清晰，对“裸官”治理的共识更加一致。

2010年，中共中央办公厅、国务院办公厅印发了《关于领导干部报告个人有关事项的规定》。2013年底，中央组织部开始将开展领导干部个人有关事项报告抽查核实工作作为加大干部监督力度的3项重点任务之一，每年按一定比例对领导干部个人报告事项的真实性、完整性进行随机抽查核实。2015年，有3900多名副处级以上干部因不如实报告个人有关事项等问题而被取消了提拔资格。在中央纪委，也有9名中央纪委机关局处级领导职务人选和省区市纪委监察厅厅局级领导职务人选被取消了提名考察资格。目前，各级组织人事部门按照中央要求牵头抓总，抽查审核处级以上干部个人申报材料，对“裸官”任职岗位进行常态化管理，实行正常报告调整制度，达到了抓长远、立长久的监督管理效果。

领导干部个人事项报告制度，从只报不查到既报又查，从部分查核到“凡提必核”，已经成为整治“裸官”的撒手锏。特别是领导干部个人事项报告的“真抽严查”，让有“猫腻”的领导干部无所遁形，想躲也躲不了，给领导干部念了“紧箍咒”，干部监督触碰“深水区”。原来干部的“家事”只报不核成摆设，一些人心存侥幸，报告往往有“水分”。没问题的事项就报，有问题的事项不报，不仅内容大打折扣，还出现了虚假信息或缺斤少两的问题。个人有关事项的假报、虚报、少报，直接导致“带病提拔”“裸官”“房官”等一系列违规违法的腐败问题出现，使得个人有关事项的报告失去了应有的监督和震慑作用，不利于干部队伍的“净化”和“硬化”，给党和国家的事业带来了“隐疾”。从近年来的实践来看，领导干部个人事项报告填报和查核呈现出一些新的特点：

一是要求越来越严格。从2017年版领导干部个人有关事项报告表来看，许多报告项目细化出多个子项目，内容详细程度超过以往任何一年。从首次要求填报配偶、子女虽未移居国外但连续在国外工作、生活一年以上的情况，到报告本人、配偶、共同生活的子女在国外的存款情况，填报不仅要求更严，而且管理也更加精准。特别是有些官员虽然配偶和子女没有移居，但长期在国外和境外居住，这部分官员成为事实上的“裸官”，必须加以管控防范。与此前相比，2017年的个人事项报告最大的变化是增加了子女配偶报告，这体现了中央在不断扎紧反腐制度的笼子。从许多落马官员的案例来看，子女的配偶往往容易产生腐败，许多人通过儿媳、女婿来买房、炒股、办企业，增加这项内容的报告后能够有效堵住漏洞。同时在2017年的报告表上，首次对经商办企业的情况提出填报注册地和经营地的要求，注册地必须填写到市，经营地填写到省或市。将企业的注册地和经营地精确填写，有助于上级部门监督管理，防范洗钱、藏匿黑钱等行为。

二是填报需认真做好百分之百抽查的准备。对领导干部个人有关事项进行抽查核实，抓住了申报制度落实的关键，使干部监督“关口”前移，牵住了管理监督干部的“牛鼻子”，特别是对瞒报者不提拔、不列入后备并给予相应处分等措施，真“抽”真“查”动真格，让“说谎”的代价加重了，让“有问题”的干部“逃不掉”，让“没问题”的干部“得重用”。几年前领导干部填写都比较随意，甚至是在应付了事。但是现在各级领导干部对个人事项报告越来越重视，一点都不敢马虎，毕竟这是要上报并抽查的，不但填写很认真，有些领导干部遇到不清楚的，还一遍一遍地询问。云南某事业单位一名干部，由于购买了投资型保险，生怕填报不准确，赶紧跑到银行去咨询；云南省某厅局一名处级干部持有股票但一直未交易而忘记填报，被单位发现了退回来重新填写。如实填报个人有关事项，是对党忠诚的基本要求。每次填报都要做好百分之百抽查的准备，这样才能经得起检验。

三是震慑有力成效明显。自 1995 年实行领导干部收入申报开始，以“家事”“家产”为对象的个人有关事项报告制度已经走过二十多年。这一制度不断完善、越发严格，目前已经成为全面从严治党的一把利器，对领导干部个人行为形成了有力约束。2017 年 4 月，中央中共组织部负责人在就《领导干部报告个人有关事项规定》《领导干部个人有关事项报告查核结果处理办法》回答记者提问时指出，全国因查核发现不如实报告等问题被暂缓任用或者取消提拔重用资格、后备干部人选资格的有 9100 多人，因不如实报告等问题受到处理的共 12.48 万人。根据规定，在填报个人事项时存在不如实报告、隐瞒不报等情形的，将受到取消提拔资格、调离工作岗位、降职、免职等处分。从 2015 年开始，对于申报的领导干部抽查比例提高到 10%，且“凡提必查”。这必将在推进全面从严治党向纵深发展，促使领导干部对党忠诚、遵规守纪、诚实守信中发挥重要的作用。北京、贵州、海南以及云南等省市的部分地区将正科级干部也纳入个人有关事项报告的实行范围。

（三）懂规矩就应该如实报告个人重大问题

领导干部重大事项报告制度是干部个人报告制度的一个重要组成部分，是加强党内监督、进行纪律建设，约束领导干部讲纪律守规矩的重要内容。从当前制度执行的过程中，领导干部在执行重大事项报告制度上还存在着这样那样的问题：有的组织观念淡薄，有的对组织纪律认识不清，有的不注重政治规矩，子女情况不报告、婚姻变化情况不报告、房产情况不报告、个人随意外出不报告、个人家庭发生重大变故不报告、收受礼品礼金情况不报告；有的已经进行了报告，但是报告的内容轻描淡写、避重就轻，不说重大事项，专说鸡毛蒜皮。这些都是无组织、无纪律的行为，是躲避组织监督的行为，也是破坏政治规矩的行为。

领导干部在执行个人事项报告制度上存在的突出问题，归根到底是由于思想认识不到位、规矩意识不强、党性观念弱化引起的。有些领导干部认为个人事项是自己的事情，与单位业务工作无关，不需要向组织说明和报告；有些领导干部认为这都是搞搞形式，无关痛痒，无非都是些“小事”。作为管理干部，按规定向组织请示汇报个人重大问题、重要事项，是必须遵循的政治规矩和必须执行的组织纪律。领导干部认真落实重大事项报告制度，是对组织负责、对自己负责，是落实教育、制度、监督并重的惩治和预防腐败体系工作要求的体现，对自我教育、自我管理、自我保护都具有非常重要的作用。该请示的不请示，该报告的不报告，或者欺骗组织、不如实请示报告，必然要出大问题，必定会受到组织的严肃处理。

子曰：“君子坦荡荡。”如实报告个人重大事项是领导干部对党忠诚的具体体现，也是坦荡为政的客观要求，反映了领导干部襟怀坦白、勇于承担责任的优秀品质。如实报告个人重大事项，一是要遵循和贯彻“两个维护”、忠实履职勤勉尽责、实事求是言之有物、遵循工作程序等重要原则，及时如实地向党中央和上级党组织请示报告工作、反映情况、分析问题、提出意见建议等，坚决防止和反对弄虚作假、虚报浮夸、华而不实、欺上瞒下、报喜不报忧等。

二是要正确区分和把握需要请示的事项和需要报告的事项。一方面，注意把握好“请示”事项和“报告”事项的区别。请示的事项，一般是指向上级机关、领导机关、主管机关或者有关领导同志提出的，请求给予明确批示、批准、批复或者指示的事项；而报告的事项，一般是指向上级机关、领导机关或者有关领导同志汇报工作、反映情况，或者回复上级机关、领导机关或者有关领导同志的询问。二者在内容上有一定联系和相似，但目的和结果是不同的，不应相互混淆、替代。另一方面，注意把握好“重大”事项和“一般”事项的区别。严格执行重大问题请示报告制度，维护党的集中统一，同各地区各部门各单位独立负责、积极主动、创造性开展工作，这两个方面是统一的，不应把二者割裂开来、对立起来。只有切实贯彻民主集中制原则、坚决维护党中央权威，坚持两个方面都不偏颇、不偏废，才能真正做到该请示的要及时请示、该报告的要如实报告。[①]

三是领导机关和领导干部带头严格执行重大问题请示报告制度。新形势下加强和规范党内政治生活，重点在各级领导机关和领导干部。严格执行重大问题请示报告制度，应当首先从各级领导机关和领导干部做起，坚持以上率下、以上促下。领导干部必须强化组织观念，工作中重大问题和个人有关事项必须按规定按程序向组织请示报告，离开工作岗位或工作所在地要事先向组织请示报告。

【延伸阅读】

不如实报告，何以谈忠诚？

在十九届中央第一轮巡视反馈的“问题清单”中，领导干部个人有关事项报告方面存在的问题赫然在列。如，中央第五巡视组在对文化和旅游部党组的反馈意见中指出，“个人有关事项报告不实问题比较突出”；中央第三巡视组在对国家统计局党组的反馈意见中指出，“执行个人有关事项报告制度不严格”。

不如实“亮家底”，何以谈忠诚？领导干部个人有关事项报告制

① 参见沈春耀：《全党必须严格执行重大问题请示报告制度》，载《光明日报》2016年11月18日。

度，是请示报告制度重要组成部分，是党中央全面从严治党、全面从严治吏的一项重要制度安排，是党中央对党员领导干部的纪律要求，绝非无足轻重的“小事”。身为党员领导干部，如实报告个人有关事项是必须遵守的政治纪律和组织纪律，是检验是否对党忠诚老实、接受组织监督的一块“试金石”。

2010 年 5 月，中央出台《关于领导干部报告个人有关事项的规定》，明确要求副处级以上领导干部每年要如实向组织报告婚姻状况、出国（境）、收入、房产、投资、配偶及子女从业等 14 个方面个人有关事项。党的十八大以来，对领导干部报告个人有关事项规范更多、更细，对瞒报个人有关事项行为查处更严、更实，不仅从按一定比例随机抽查发展到“凡提必核”，而且进一步强化了抽查核实和核查结果的运用，制度的笼子越扎越紧。

按照中央要求，《领导干部报告个人有关事项规定》于 2017 年修订，其与领导干部个人有关事项报告抽查核实办法、查核结果处理办法、汇总综合办法形成“一个规定、三个办法”报告制度体系，涉及领导干部报告个人有关事项的“底线”和“红线”由此愈发清晰。

如上事实表明，领导干部瞒报个人有关事项越来越成为高风险的事，切勿心存侥幸，继续把向组织如实报告个人“家事、家产”等规定视同儿戏。领导干部要牢固树立“四个意识”，切实强化组织观念，对党忠诚老实、光明磊落，说老实话、办老实事、做老实人，按规定按程序向组织如实报告个人有关事项，自觉接受组织监督。

需要指出的是，如果不追究制度不执行、不落实的责任，必然导致制度悬空、形同虚设。因此，各级党组织要加强抽查核实，敢于较真碰硬，对不如实报告或者存在其他问题的要严肃处理，切实维护报告制度的严肃性和权威性，使其在全面从严治党中发挥更大作用。

（摘编自《中国纪检监察报》2018 年 8 月 9 日，作者：尉承栋）

十三、决不允许亲属和身边工作人员擅权干政、谋取私利

领导干部的亲属和身边工作人员，虽然并不执掌权力重器，在身份上却有着特殊性。没有一定的规矩约束和教育引导，稍不注意就可能逾矩失范、开腐败之端。因此，习近平总书记在十八届中央纪委五次全会上的重要讲话中明确指出，“必须管好亲属和身边工作人员，决不允许他们擅权干政、谋取私利，不得纵容他们影响政策制定和人事安排、干预正常工作运行，不得默许他们利用特殊身份牟取非法利益”。作为领导干部，既严于律己，又加强对亲属和身边工作人员的教育和约束，决不允许以权谋私，对一切违反党纪国法的行为，都必须严惩不贷，决不能手软。

（一）身边人害我们这些为官者的不在少数

领导干部的“身边人”，平时和领导干部“走得近”“说得上话”，他们向领导干部提出要求，请领导帮忙往往有求必应，因而有“沾光”的便利条件。2015 年 1 月 12 日，习近平总书记同中央党校第一期县委书记研修班 200 余名县委书记学员座谈时指出：身边人害我们这些为官者的不在少数，被老婆“拉下水”、被孩子“拉下水”、被身边秘书和其他身边人如七大姑八大姨“拉下水”。总书记语重心长，不遮不掩，话语直击当今“落马”的领导干部。正是因为有些领导干部没有管好自己“身边人”，还有的领导干部甚至对“身边人”一味“纵容”，或干脆“装不知道”，从而使自己一步步滑向“深渊”。

从近年来披露的领导干部违法违纪案件中，“一人当官，全家涉腐”时有发生。有的主政一方，爱人孩子经商办企业，包揽工程、批发项目，套取巨额利益;有的搞“一家两制”，“前门当官，后门开店”，家人跟着一起大发横财，自己成了“权钱交易所所长”，担纲“腐败共同体”的“轴心”。在查处的周永康、徐才厚、令计划、苏荣、白恩培等严重违纪违法案件中，他们的亲属、司机、秘书等，利用自身的特殊身份和隐性权力，扮演权力掮客，大肆弄权敛财。全国政协原副主席、江西省委原书记苏荣的腐败，与其妻子于丽芳密不可分。于丽芳在江西政商界有“于姐”之称，多次染指江西矿产资源、土地出让、房产开发、工程项目等诸多领域，最终导致“家就是权钱交易所”“全家老小参与腐败”。全国人大环资委原副主任、云南省委原书记白恩培的妻子张慧清，不仅没成为白恩培的“廉内助”，反而充当白恩培贪腐的“助推器”。有一个行贿人说：“他们夫妻实在是贪婪到了极点。”白恩培落马后忏悔道：“我在前边办事，她在后边收钱。有时还有意创造条件，让她打着我的旗号去搞权钱交易、接受贿赂。”这些家族式腐败，抹黑了党的形象，败坏了社会风气，严重损害了政府与群众的关系，损害了党的执政基础。

领导者能管好自己，只是对其最基本的要求，关键是他们要能管好“身边人”，这才是作为“领导”的本分。领导干部手中的权力，是人民赋予的，要为人民谋福利。但是，现实中却有一些人打着领导干部的旗号，狐假虎威，谋取私利，一些党员领导干部对自己的家属无限量地宽容。这些“身边人”倚仗权力，到处插手，违法乱纪，谋取非法利益，结果自己也被“拖下水”，教训不可谓不深刻。从近几年查处的大量案件来看，领导干部被身边人拉下水，这其中既有领导干部本人确实不知情的，也有领导干部本人纵容、默许的。包括两个层面：一方面是领导干部纵容亲属和身边工作人员影响政策制定和人事安排、干预正常工作运行。这里的“纵容”，是指对其亲属以及身边工作人员利用本人的职权和职务上的影响谋取利益的行为不加制止，任其发展的行为。另一方面是领导干部默许亲属和身边工作人员利用其特殊身份谋取非法利益。这里的“默许”，是指领导干部已经了解到亲属以及身边工作人员在利用本人的职权和职务上的影响谋取利益，但不予约束和制止的行为。

从亲属和身边工作人员的角度来说，“擅权干政、谋取私利”，可以分为三种情形：第一种情形包括，亲属以及身边工作人员打着领导干部的旗号或者以其名义，为自己经商办企业、从事中介活动、兼职取酬、升学就业、职务提拔、职称晋升、获取学历、出国以及谋取其他利益拉关系、走后门。第二种情形包括，亲属以及身边工作人员在领导干部管辖的业务范围内从事可能与公共利益发生冲突的经商、办企业活动；利用该领导人员的职权和职务上的影响为他人经商办企业提供便利，从中谋取私利；以自己的特殊身份干预该领导干部管辖业务范围内的公务等。第三种情形包括，以自己的特殊身份或者以领导干部的名义收受礼金、有价证券和贵重物品；在领导干部管辖的业务范围内办私事、索要钱物、报销发票、巧立名目拉赞助等。其中，既包括触犯党纪国法的违纪违法行为，也包括尽管不触犯党纪国法但可能造成不良影响的活动。

亲情友情是最可宝贵的感情，在漫长的人生旅途中，谁没有个三亲四故？在一个人功成名就后，谁不想好好回报亲朋？亲情眷顾，人皆有之，没有谁生活在真空中。但问题的关键在于，这种眷顾，究竟是私事私办，还是私事公办？是花一己之费，还是慷公家之慨？是以普通人身份，还是利用特殊地位？如果分不清界限，只想着如何补偿家人，怎样回报亲朋，“不贪污受贿，给家人安排个工作总行吧”，“不奢靡享乐，让家人经商办个企业应该可以吧”，这种纪律、规矩上的松懈，为权力变现大开绿灯，让官商勾肩搭背有了可能，也会将家庭幸福推到铤而走险的悬崖。不可否认，在我们这个极为重视“差序格局”的社会中，来自亲朋好友乃至骨肉至亲的求助请托，非常容易碰到。在情与法、情与规的取舍上，难免遭遇“行不两全，名不两立”的两难，以及“面子过不去”“亲情过不去”的纠结。① 清廉不是亲情之殇，为官一任要有肝胆见担当，从政要做什么，给家人留下什么，给群众留下什么，心中一定要有清晰的答案。毛泽东对身边工作人员要求严格是出了名的，他曾告诫全党，要管好身边的人，即使是一点点的不符合党纪国法的行为也要杜绝。习近平总书记担任地方领导干

① 《管好亲朋严防擅权干政——做政治上的明白人⑥》，载《人民日报》2015 年 1 月 27 日。

部时，每到一处工作，都会告诫亲朋好友：“不能在我工作的地方从事任何商业活动，不能打我的旗号办任何事，否则别怪我六亲不认。”在干部大会上他也郑重表态：不允许任何人打他的旗号谋私利，并欢迎大家监督。如此立身以正、严格要求家人和干部，值得广大干部细细体味和践行。党员领导干部要做清正廉洁的表率，要带头管好自己，管好配偶、子女和身边工作人员，做到心口如一、言行如一、表里如一，以清正廉洁的良好形象和干净干事的实际行动取信于民。王岐山在当选北京市市长时曾作出承诺：“从我做起，从市政府领导班子做起，时刻警惕和防止权力的蜕变。不仅要管好自己，还要管好配偶、子女和身边工作人员，在思想上筑起坚强防线。”

（二）正确认识公与私、情与法、利与法的关系

我们的权力是党和人民赋予的，只能用来为党分忧、为国干事、为民谋利。领导干部要珍视并善用手中的权力，切实做到严以用权，心中有戒，不辱使命，不负重托，让权力造福人民。要正确行使权力，依法用权、秉公用权、廉洁用权，做到心有所畏、言有所戒、行有所止，处理好公与私、情与法、利与法的关系。如何正确认识和处理公与私、情与法、利与法的关系，每个党员干部都必须明晰，并在加强自身修养和从事社会实践过程中作出正确选择。

正确认识和处理公与私的关系。克己奉公还是以权谋私，是官德政德的具体体现。“一心可以兴邦，一心可以丧邦，只在公私之间尔。”立党为公、执政为民，是我们党执政的根本理念。公款姓公，一分一厘都不能乱花；公权为民，一丝一毫都不能私用。党员领导干部只有明晰“公”与“私”的界限，不以公谋私，坚持原则、守好底线；不以私害公，自觉履行职责、行使权力，做到既忠诚于党又忠诚于人民，

进而服务整个国家、民族和社会。

正确认识和处理情与法的关系。领导干部并不是生活在真空里，也有正常的人际交往。习近平总书记强调指出："要正确认识和处理人际关系，做到既有人情味又按原则办。"与人交往时，既要真诚待人、乐于助人，更要讲党性、讲原则，自觉划出"红线"。要把人情关系置于法律规范之中，符合法律规范的可以办，不符合的坚决不能帮，切不可以情徇法、以情碍法，否则，到头来只会"既做不了人、又丢了人"。

正确认识和处理利与法的关系。利就是好处、利益；法是指法律规范体系和以党章为核心的党内法规体系。一些领导干部利字当头、利欲熏心，对法律责任弃之不顾，既想当官又想发财，不仅毁了自己、害了家人，而且给党的事业带来损害。领导干部选择了"公仆"这份事业，就要时时把握好自己，抵得住诱惑、经得起考验、守护好精神家园，做经济上的"干净人"。领导干部要坚决纠正和解决"权大于法""以权压法"问题，不在法律面前犯糊涂，这既是法律要求，也是政治要求。要坚持"权在法下"，行使权力必须符合权限、法律和程序。

处理好公与私、情与法、利与法关系的核心是处理好公与私的关系。能不能处理好公与私的关系，关系到一个党员干部的立身根本。公私分明是基本原则，公而忘私是最高境界。各级党员干部只有坚守从政为公的底线，把为人民服务化为自己的人生信条，时刻警醒和抵制"富而思奢、奢而思贪、贪而思淫、淫而思变"，自觉树起"警示牌"、架起"高压线"，永不"越过界""闯红灯"。在面对金钱和权力时，只有心存敬畏，手持戒尺，永远保持"赶考状态"，"有所行，有所止；有所为，有所戒"，才能不为私欲所动，不为私情所困，不为私利所惑，永葆共产党人的政治本色，营造风清气正的社会环境。

领导干部要做到大公无私、公私分明、先公后私、公而忘私。作为共产党员，作为党的干部，就是要讲大公无私、公私分明、先公后私、公而忘私，只有一心为公，事事出于公心，才能有正确的是非观、义利观、权力观、事业观，才能把群众装在心里，才能坦荡做人、谨慎用权，才能光明正大、堂堂正正。领导干部必须时刻清楚这一点，做到公私分明、克己奉公、严格自律。

领导干部要深悟权力姓公不姓私。为政清廉才能取信于民，秉公用权才能赢得人心，这个道理我们党早就明确提出来了。执政党对资源的支配权力很大，应该有一个权力清单，什么权能用，什么权不能用，什么是公权，什么是私权，要分开，不能公权私用。在任何时候任何情况下，与人民同呼吸共命运的立场不能变，全心全意为人民服务的宗旨不能忘，群众是真正英雄的历史唯物主义观点不能丢，始终坚持立党为公、执政为民。

领导要时刻明白自己的公仆身份。从思想上解决问题，就是要从思想上真正明白自己的公仆身份，自觉摆正自己的位置，站稳群众的立场，增进同群众的感情，克服一切脱离群众、违背群众意愿、损害群众利益的私心杂念。从行动上解决问题，就是要端正作风、端正行为，做一个堂堂正正的人，做一个合格的共产党员，做一个称职的党的干部。我们一定要永葆蓬勃朝气，始终与人民心心相印、与人民同甘共苦、与人民团结奋斗，夙夜在公，勤勉工作，努力向历史、向人民交出一份合格的答卷。

领导干部要手握戒尺，克己奉公。衡量党性强弱的根本尺子是公、私二字。手握戒尺，就是要手握法律的戒尺、纪律的戒尺、制度的戒尺、规矩的戒尺、道德的戒尺，做到克己奉公。领导干部内心要始终装着一把党性的尺子，衡量人生得失，把握行为尺度。对党员、干部来说，思想上的滑坡是最严重的病变，“总开关”没拧紧，不能正确处理公私关系，缺乏正确的是非观、义利观、权力观、事业观，各种出轨越界、跑冒滴漏就在所难免了。

（三）必须管好亲属和身边工作人员

领导干部要管好“身边人”，既是对领导干部的谆谆教诲，更是领导干部必须坚守的“底线”。领导干部管好“身边人”，才能不为人所利用，遏制“隐性权力”蔓延，传递廉洁从政的清风正气，共同筑起拒腐防变的稳固防线。

一是树好家风。1963 年，周恩来在党中央和国务院直属机关负责干部会议上的报告中，着重讲了反对官僚的问题，列举了官僚的 20 种表现，曾将“一人做官，全家享福，一人得道，鸡犬升天”定义为“特殊化的官僚”，并予以坚决反对。自古齐家治国不可分割。古人云:“欲治国者，必先齐家。”作为家庭成员，领导干部也要赡养老人、抚育儿女，希望自己的亲属和身边的工作人员过上幸福美好的生活，这是人之常情，但这一切都必须建立在合法的基础上。家风严，才能党风正。领导干部要管好“身边人”，首先要带头管好自己，严格遵守廉洁从政各项规定，主动将自己置于组织和群众的监督之下，带头做好榜样，率先垂范，以自己的实际行动来影响和教育亲属及身边工作人员。所谓上行下效，领导干部只有切实以自身的实际行动树立清正廉洁的良好形象，才能带好头，才能管好亲属及身边的工作人员，才能真正取信于民。对子女要严格教育，教育他们不做特殊公民，教育他们要为国家多做贡献，而不是利用人民赋予的权力去堕落。立好家规，明确不能做的事情、不能涉足的领域，防止家人逾矩失范、开败事之端。

二是划清公私。要理顺为民与为己的顺序，为官者心中一定要有明确的答案。要立党为公、公私分明，管好家人，不让家人利用自己的权力去享受待遇，对家人的过分要求，必须要讲清后果。一个领导干部管不好家人，“后院”就会起火，甚至可能“火烧连营”。从近年来查处的腐败案件看，许多领导干部都是“栽”在家人手上。所以说，领导干部要把管好家人作为一件大事来对待，树好家风，管好后院。管好家人，一定要做到公私分明；管好家人，一定要不为亲情所累；管好家人，一定要常教育常提醒。对家人的过分要求、违法愿望，必须要讲清纪律、讲清法理、讲清后果。特别要讲清严重后果，同家人一起算好贪腐的政治账、经济账、名誉账、家庭账、亲情账、自由账、健康账。要划清亲情和公权的界限，应把人民和国家的利益摆在至高无上的位置，同时要教育家人遵纪守法，不准利用自己的职务非法牟利，坚持防止家人朋友利用关系干预正常工作，在感情与原则发生矛盾时候，感情要服从原则。领导干部要经常给身边人敲警钟，绝不能放任自流，更不能包庇怂恿、姑息养奸，要有向私心私情开刀的勇气。

三是严格监督。领导干部要管好家人，看似简单，实际上却很不容易，因为这些身边的人与领导干部朝夕相处，离权力太近，容易被人利用。领导干部要主动和身边的人交流沟通，准确掌握身边人的思想动态，对苗头性问题，要及时制止、严肃批评，决不能对身边的人“拉虎皮做大旗”。要始终保持清醒的头脑，着眼于小处和细节，时常擦拭“眼睛”，经常对自己的亲属和身边工作人员“察言观色”，及时发现并阻止违纪违法的不良行为。要常敲警钟，教育亲属和身边工作人员遵纪守法，要敢于在亲属问题上向私心私情开刀，不准他们打着自己的旗号到处招摇撞骗，不准他们利用自己的职权和职务影响经商办企业或从事中介等活动，谋取非法利益。要欢迎社会监督，对于领导干部不知情的身边人员的弄权谋私行为，借群众智慧看个清楚、查个明白，防止腐败滋生。让一些社会丑陋行为无处藏身，让一切公权力曝晒在阳光之下。对于违规使用公权力的干部及身边的人员，一定要做到“执法必严，违法必究”，严防执法中的“软骨病”。

要筑牢领导干部家属及工作人员拒腐防变的思想防线。定期邀请领导干部家属参加廉政教育讲座；组织领导干部及其家属签订廉政承诺书；为领导干部家属寄送《廉洁家庭幸福叮咛》廉政宣传卡片；不定期组织领导干部家属到警示教育基地参观学习，参加职务犯罪旁听庭审活动，以案代训，以案警示。通过活动使领导干部家属当好反腐败的“宣传员、安全员、监督员”，共筑反腐败的家庭防线。

四是要靠制度。管好“身边人”，根本上还是要依靠制度。要针对“身边人”导致的各种腐败犯罪，建立健全针对领导干部的专门制度。如家庭财产的申报制度，亲属回避制度，从业公开制度，对领导下属实行统一管理、定期轮换等。特别是要严格落实好新修订的《中国共产党纪律处分条例》中规定的十个“不允许”：利用职权或者职务上的影响为他人谋取利益，本人的配偶、子女及其配偶等亲属和其他特殊关系人收受对方财物；相互利用职权或者职务上的影响为对方及其配偶、子女及其配偶等亲属、身边工作人员和其他特定关系人谋取利益搞权权交易；纵容、默许配偶、子女及其配偶等亲属和身边工作人员利用党员干部本人职权或者职务上的影响谋取私利；党员干部的配偶、子女及其配偶不实际工作而获取薪酬或者虽实际工作但领取明显超出同职级标准薪酬，党员干部知情未予纠正的；利用职权或者职务上的影响操办婚丧喜庆事宜，在社会上造成不良影响；利用职权或者职务上的影响为本人配偶、子女及其配偶等亲属和其他特定关系人的经营活动谋取利益；党员领导干部的配偶、子女及其配偶违反有关规定在该党员领导干部管辖的区域或者业务范围内从事可能影响其公正执行公务的经营活动，或者在该党员领导干部管辖的区域或者业务范围内的外商独资企业、中外合资企业中担任由外方委派、聘任的高级职务；党员领导干部违反工作、生活保障制度在交通、医疗、警卫等方面为本人、配偶、子女及其配偶等亲属和其他特定关系人谋求特殊待遇；利用职权或者职务上的影响，将本人、配偶、子女及其配偶等亲属应当由个人支付的费用，由下属单位、其他单位或者他人支付、报销；在社会保障、政府扶持、救灾救济款物分配等事项中优亲厚友，明显有失公平。

【延伸阅读】

筑牢三道防线管好“身边人”

随着党风廉政建设和反腐败斗争持续深入开展，领导干部亲属和身边工作人员贪腐现象越来越引起党内的高度重视和警觉。要从家庭、家教、家风建设这个基础环节入手，切实教育、管理和监督好亲属和身边工作人员，从源头上遏制这种贪腐现象，牢牢筑就管好“身边人”的防线。

正人必先正己，严以律己作表率。马克思明确指出，共产党员“没有任何同整个无产阶级的利益不同的利益”。因此，全心全意为人民服务是党的根本宗旨，公仆意识是马克思主义廉洁政治观的核心理念，严以律己不搞特权是对公职人员的最起码要求。这方面，老一辈无产阶级革命家为我们树立了光辉典范。毛泽东一贯很重感情，但他定下了著名的“三原则”：恋亲不为亲徇私，念旧不为旧谋利，济亲不为亲撑腰。解放后，面对杨开慧之兄等湖南老家的亲戚朋友提出要到北京工作的请求，他一概拒绝。周恩来的“十条家规”，陈毅与家人“约法三章”，也一直传为美谈。“其身正，不令而行；其身不正，虽令不从”“打铁必须自身硬”，说的都是同一个道理：领导干部要管好“身边人”，首先要从自己做起，以身作则，以上率下。各级领导干部不管身居高位还是大权在握，都要坚定理想信念，牢记为民宗旨，增强公仆意识，树立正确的事业观和权力观，自觉抵制各种诱惑，不搞特权、秉公用权，廉洁自律、依法执政，珍惜个人前途和家庭幸福，为亲属和身边工作人员树立榜样、做好表率，引领良好社会风气。

严管就是厚爱，积极培育良好家风。家庭是人生的第一所学校，父母是儿女最好的老师，中华民族自古以来就重视家风建设。其实，领导干部的家风也连着党风政风，家风正，则民风淳、政风清、党风端，培育良好家风是党员干部固本培元的有效途径，也是推进以德治党不可或缺的环节。党的十八大以来，党内开始重视“枕边风”“耳边风”廉洁教育，把反腐之力延伸到官员的“后院”，党风家风一起抓，不断深化反腐败斗争成果。《中国共产党廉洁自律准则》也以党内纪律和规矩的形式，首次将“齐家”明确为规范领导干部行为的约束性条款，家风建设逐渐成为各级领导干部的必修课，也是避免被四处“围猎”的防火墙。习近平总书记语重心长地指出，严管就是厚爱，治病是为救人。广大领导干部要从严“齐家”，立好家规、树好家风，严格教育和约束配偶、子女、亲友、秘书等“身边人”，要遵纪守法，不搞特殊化、不收他人财物、不干预经济活动、不插手人事安排，切断“权力寻租”和“利益输送”的一切通道，对苗头性倾向性问题及时提醒，对违法乱纪行为严肃处理，做到防微杜渐，决不养痈遗患，避免悲剧一次又一次上演，这才是对“身边人”真正的爱护。

扎紧制度笼子，全方位进行监督。制度建设更带有根本性、全局性、稳定性和长期性。党风廉政建设也必须依靠制度固根本、管长远。作为保障机制，民主和法治是廉政制度建设的“两个轮子”。一方面，国家权力机关及其公务员应“把自己的所言所行一律公布出来，把自己的一切缺点都让公众知道”，使自己置于人民群众监督之下，推进民主化进程；另一方面，国家法律和党内法规作为人们权利的“保护伞”，是民主成果得以固定化、法律化、制度化的最终保障。我们开展党风廉政建设，也必须牢固树立民主意识和法治思维，坚持依法治国、依规治党，扎紧制度的笼子，实现全方位监督，使铁规生威、制度发力。党的十八大以来，遵规守纪的观念深入人心，党的制度建设步伐加快，《中国共产党廉洁自律准则》《中国共产党党内监督条例》《关于新形势下党内政治生活的若干准则》《中国共产党纪律处分条例》等一批新制度形成“天罗地网”，组织人事、纪检监察、审计等部门建立了定期巡查机制，外部监督渠道不断拓宽，信访举报制度进一步完善，巡视“利剑”高举不放，个人有关事项报告制度严格执行，对领导干部及“身边人”的监督也从公务活动延伸至“八小时以外”乃至“生活圈”“朋友圈”，有效填补了以往管理的“死角”和“真空”，推动党风廉政建设制度化、规范化、常态化迈出重要一步。

（摘编自《学习时报》2017 年 6 月 12 日，作者：张忠华）

十四、不抓辫子、不扣帽子、不打棍子

2016年4月26日，习近平总书记在知识分子、劳动模范、青年代表座谈会上强调："对来自知识分子的意见和批评，只要出发点是好的，就要热忱欢迎，对的就要积极采纳；即使一些意见和批评有偏差，甚至不正确，也要多一些包容、多一些宽容，坚持不抓辫子、不扣帽子、不打棍子。""不抓辫子、不扣帽子、不打棍子"，提倡热烈而不对立的讨论，开展真诚而不敷衍的交流，鼓励尖锐而不极端的批评，努力营造畅所欲言、各抒己见的民主氛围；要给予干部干事创业必要的宽容，在舆论上大力支持，努力创造能够"容错"的环境，鼓励干部尽展才干、创造业绩。

（一）提倡和鼓励敢讲话、讲真话、讲实话

敢讲话、讲真话、讲实话，是严肃党内政治生活的应有之义，也是我们共产党人应有的政治品格。“贤路当广而不当狭，言路当开而不当塞”，道出了开言路、敢讲话、讲真话、讲实话的重要性。党的各级组织和全体党员必须对党忠诚老实、光明磊落，说老实话、办老实事、做老实人，如实向党反映和报告情况，反对搞两面派、做“两面人”，反对弄虚作假、虚报浮夸，反对隐瞒实情、报喜不报忧。

敢讲话、讲真话、讲实话，是我们党的优良传统和作风，也是我们党的一贯要求。我们党历来高度重视和鼓励敢讲话、讲真话、讲实话。早在党的七大上，毛泽东所作的口头政治报告最后一段，就是讲“讲真话，不偷、不装、不吹”。这篇讲话，今天读来仍掷地有声，令人深思。毛泽东说：什么叫不偷？我曾看到这样的事情，人家写的整本小册子，给调换上几个名词，就说是自己写的，把自己的名字安上就出版了。这个问题历来就有的，叫作抄袭。这个事情不好，这是不诚实。什么是不装？就是“知之为知之，不知为不知”。懂得就懂得，不懂得就不懂得。懂得一寸，就讲懂得一寸，不讲多了。偷是社会现象，装也是社会现象。我们党内不允许装。还有一个是不要吹，凡事报实数，“实报实销”。我们的情报要真实，不要扯谎。毛泽东还指出，偷、装、吹，实质是党的作风问题，危害不小，必须引起警惕。周恩来也曾说：“要大家讲真话，首先领导喜欢听真话、讲真话，群众才敢讲真话。”在改革开放新时期，邓小平明确提出，“要敢讲真话，反

对说假话，不务虚名，多做实事”。党的十八大以来，习近平总书记提出“三严三实”，其中一条就是“做老实人”，要求党员干部重实际、说实话、办实事、求实效，反对弄虚作假、虚报浮夸。

从实践来看，我们党的领导干部和广大党员绝大多数是忠诚的，是敢于讲真话的。党领导广大人民革命、建设和改革的实践也充分证明，如果没有绝大多数共产党人的忠诚老实、光明磊落，就不可能有革命成功和今天的发展成就。但是，不知从什么时候起，在有的地方或部门想听到真话变得很困难。究其原因，主要是由于受各种思潮侵蚀、受不良风气影响，一些人对党组织变得不忠诚老实、不守规矩了。从落马贪官的教训看，腐败分子的一个共同特点，就是对党不老实、讲假话。比如，有的政治野心膨胀，拉帮结派、结党营私，搞小山头、小圈子；有的搞台上一套、台下一套，表面上十分光鲜，私下里极其龌龊；有的个人有关事项不向组织报告，处理过程背离组织要求；有的工作弄虚作假，热衷于面子工程、形象工程，只报喜不报忧，以假政绩骗取荣誉，等等。这些言行严重损害了党的事业，也害了他们自己。[①] 因此，我们必须从政治的高度，深刻认识敢讲话、讲真话、讲实话对党的作风建设的重要性，认清不敢讲话、不讲真话、不讲实话给党的事业带来的危害，有敢讲话的骨气，讲真话的勇气，讲实话的底气，对党忠诚老实、光明磊落，做一个坚持原则、敢讲话、讲真话、讲实话的共产党员。

提倡和鼓励敢讲话、讲真话、讲实话是党内的政治共识，必须大力营造敢讲话、讲真话、讲实话的氛围。一是要有坚持敢讲话、讲真话、讲实话的崇高境界。敢讲话、讲真话、讲实话，就是真实客观地表达自己的意见和看法，不口是心非、阿谀奉承，不讨好卖乖。敢讲

① 参见张才毕:《讲真话：共产党人的优秀品质》，载《中国纪检监察报》2017年2月15日。

话、讲真话、讲实话彰显的是一种品德，可以说，愿不愿讲实话、敢不敢讲实话、是不是讲实话，是考验一个人特别是领导干部的道德品质的“试金石”；敢讲话、讲真话、讲实话体现的是一种能力，只有通过对纷繁复杂、相互联系的客观事物进行归纳梳理、分析论证，去伪存真、由此及彼，提炼概括、抓住本质，才能做到言之有据、言之有理、言之有物，才能决策有方、推动有力、落实有效；敢讲话、讲真话、讲实话诠释的是一种责任，体现的是对真理的坚守、对使命的担当、对社会的诚信，特别是对于领导干部来说，不敢讲话、不讲真话、不讲实话，轻则误人误事，重则误党误国，是对同志的不负责任、对事业的不负责任、对人民的不负责任。

二是要有坚持敢讲话、讲真话、讲实话的无畏勇气。敢讲话、讲真话、讲实话不仅需要坚守真理的勇气和胆识，而且需要坚持原则的正气和魄力，真正做到敢于指出对错、不怕开罪于人，敢于说出是非、不要受制于人，敢于提出褒贬、不去取悦于人。敢于破除形式主义观念，把察实情、干实事、创实绩作为讲实话的第一要素，多干利长远的事，多干打基础的事，多干惠民生的事，真正做到口惠实至，实至名归；要敢于摒弃好人主义心态，真正做到直言不讳，多一些切中时弊的真诚声音，少一些话不由衷的附和之言，直抒己见多一些犀利睿智的理性批评，少一些华丽空洞的逢迎赞美，直言正谏多一些国计民生的切实建议，少一些无关痛痒的高谈阔论；要敢于反对官僚主义习气，自觉培养闻过则喜，包容“错话”的雅量，始终坚持敢讲话、讲真话、讲实话光荣，讲假话、讲套话、讲虚话可耻的价值取向，善于在“刺耳话”里找问题、“牢骚话”里找差距、“过头话”里找不足，真正做到知无不言、言无不尽，言者无罪、闻者足戒，有则改之、无则加勉。

三是要有坚持敢讲话、讲真话、讲实话的鲜明态度。要从对党、对人民、对事业负责的高度来讲实话，怎么想怎么说、是什么说什么，有一说一、有二说二。要防止“讲问题时一带而过，讲成绩时一概而说”，真实地反映情况和问题，坦荡地阐明观点和看法，彻底摒弃不敢讲实话、不愿讲实话的不良习气。要密切联系群众听民声，必须心中时刻装着群众，真诚倾听群众的呼声，真实反映群众的愿望，真切把握群众的脉搏，构筑沟通平台，拓宽诉求渠道，站稳群众立场，做好群众工作；要加强民主监督进诤言，应该多讲实话、常进言，发现问题及时提醒，见到不足及时指出，真正做到“监”在点子上，“督”在关键处，避免“浮云翳白日、谗言害忠臣”，为假话所欺骗，被假象所蒙蔽；要深入调查研究谋良策，实实在在“沉下去”，到基层一线、改革一线、发展一线，少看“门面”、多看“后院”，少看“窗口”、多看“角落”，把事情的真相和全貌调查清楚，把问题的本质和规律把握准确，把发展的思路和对策研究透彻。

（二）尊重和包容不同意见、逆耳之言和尖锐批评

尊重和包容不同意见、逆耳之言和尖锐批评，是坚持“不打棍子、不扣帽子、不抓辫子”的必然要求。所谓“不同意见、逆耳之言和尖锐批评”，就是听起来不舒服，但具有真知灼见、能够促人警醒的话。习近平总书记指出：“对中国共产党而言，要容得下尖锐批评，做到有则改之、无则加勉。”这里的“要容得下尖锐批评”，实际上就是告诫共产党人，特别是党员领导干部要有博大的胸怀、雍容的气度，要有善听逆耳之言的雅量、能包容一切不同意见的度量和能倾听尖锐批评的气量，能够容众纳谏，择其善者而从之。

古人曰，“宽以济猛，猛以济宽，宽猛相济”，“治国之道，在于猛宽得中”。能够包容，就可以使近者悦远者来，天下归心。《尚书》

有“有容，德乃大”之说，《周易》讲“君子以厚德载物”，荀子主张“君子贤而能容罢，知而能容愚，博而能容浅，粹而能容杂”，讲的都是党员领导干部要加强个人修炼，学会包容。别人的意见之所以“逆耳”，是因为首先“逆”了自己的心，逆了心的东西如何保证能入耳？在通常情况下，人们都喜欢听顺耳之言，而不愿听逆耳之言。因为顺耳之言中包含着表扬、赞许，听着让人精神愉悦，心情舒畅，面子十足；而逆耳之言往往存在着对其工作的挑剔、批评之嫌，听起来浑身会不舒服，心理上自然产生反感。殊不知，顺耳之言听着爽快，但其言不一定全是真话，逆耳之语听着刺耳，但其语未必不是忠言。

古人早就说过：“良药苦口利于病，忠言逆耳利于行。”有些“刺耳话”或“牢骚话”却往往真实地反映了问题的根源和矛盾的症结。如果不能正确认识和处理苦言与甘言的关系，一个人就不能获得进步，一件事情就不能成功，一个国家就难免衰亡。能虚心听取逆耳之言，显示的是一个人的素质、一个人的修养、一个人的雅量，特别是对一位身居要位的为政者来说，更为不易。所以，作为一名党的领导干部，就要主动接受、真心欢迎群众的监督，切实改进工作作风，容得下尖锐批评，唯有这样，思想才不至于僵化，工作才不至于懒惰，才能使敢讲真话、勇吐诤言的人逐渐多起来。这就要求党员领导干部要自觉加强对党的创新理论的学习，不断提高政治觉悟、提升精神境界，对待逆耳之言不妨设身处地换位思考，多问几个为什么，找出问题的症结，然后对症下药，及时予以解决，因为有些逆耳之言就是原汁原味的真话、实话、心里话。其实不接受别人批评，或听不进批评的人，往往是一种露怯或怯弱自卑的表现。

作为领导干部，难能可贵的是豁达大度，从谏如流，善于对逆耳之言、谔谔之言进行“去粗取精，去伪存真，由此及彼”。择其善者而从之，更考验领导干部的素质和能力。因为，哪些意见“善”，哪些意见“不善”，哪些能“择”，哪些不能“择”，其标准又全在于听到这些“逆耳之言”的人，如果没有有效的外力即制度来进行规范，没有有效的监督机制，“善”与“不善”，“择”与“不择”，全由自己说了算，那么，就很容易出现“善”被当作“不善”，该“择”的却没有被“择”的现象。品德高尚，有容“逆耳之言”雅量的人自然备受人们的尊敬。但是，品德属于自律范畴，对于一时一地的某一个人而言，其约束力或许比法律还要可靠，但是，这种约束力却缺乏推而广之的可行性。一个人有雅量，并不能保证其他人也有雅量；而即使大家都有雅量，每个人雅量的大小也会不同，谁能保证所有的“逆耳之言”都会被“包容”，都会被“择其善者而从之”？这就要求领导干部能够由表及里地“筛选”和“过滤”，从中找出自身的缺点和不足，切实做到有则改之、无则加勉。在努力提高政治鉴别力的同时，领导干部还要自觉不断提高业务素质，使自己有足够的知识和智慧，能够从群众的逆耳之言、尖锐批评中汲取有益的成分。同时，更要注重不断完善监督机制，用制度来保证广开言路、广纳群言、接受批评。当前，转变作风越来越深入，作为领导干部，只有善听逆耳之言，才能更好地正视不足，扬长避短，真正做到民主决策、科学决策，减少失误、少走弯路。

（三）建立健全容错纠错机制，宽容善待干事创业者

《论语》云：“君子之过也，如日月之食焉，过也，人皆见之；更也，人皆仰之。”《左传》曰：“人孰无过？过而能改，善莫大焉。”“不抓辫子、不扣帽子、不打棍子”，需要创造一个能够“容错纠错”的宽松环境和氛围。党的十九大报告指出，要建立激励机制和容错纠错机制，旗帜鲜明地为那些敢于担当、踏实做事、不谋私利的干部撑腰

鼓劲。2018年，中共中央办公厅印发了《关于进一步激励广大干部新时代新担当新作为的意见》。意见强调，要“建立健全容错纠错机制，宽容干部在改革创新中的失误错误”，“切实为敢于担当的干部撑腰鼓劲”。这就为激励广大干部在新时代更好地担当作为提供了政策支持。

从十八届六中全会提出“建立容错纠错机制”以来，针对一些干部怕担责、怕出错，不敢试、不敢为等问题，各地深入贯彻落实习近平总书记强调的“把干部在推进改革中因缺乏经验、先行先试出现的失误和错误，同明知故犯的违纪违法行为区分开来；把上级尚无明确限制的探索性试验中的失误和错误，同上级明令禁止后依然我行我素的违纪违法行为区分开来；把为推动发展的无意过失，同为谋取私利的违纪违法行为区分开来”。以“三个区分开来”为重要遵循，不少地区和单位纷纷开始探索。一是划清容错范围边界，明确可容之错的情形条件。广东细化容错要求，分3类明确13种适用情形，宽容干部履职尽责中的失误错误。一些地方强化底线思维、红线意识，限定容错前提条件，拧紧容错“安全阀”，如江西和广东广州市、甘肃嘉峪关市规定，实施容错的事项必须具备党内法规以及国家法律、法规、规章没有明令禁止等多项条件。部分地方为避免出现尺度过宽、纪律“松绑”现象，强化约束建立容错“负面清单”，如青海海西州特别要求，对打着改革创新旗号以权谋私、贪污受贿、腐化堕落的，或失职渎职严重损害国家和集体利益的党员干部，坚决不予容错。

二是突出从严要求，规范容错纠错的处理程序。一些地方坚持把加强党的领导贯穿容错纠错全程，着力强化党组织的领导和把关作用，如湖北荆门市规定，执纪问责机关和部门形成的容错意见，需提交同级党委常委会会议研究决定。为保障容错纠错工作规范开展，各地还对具体程序和操作流程从严从细作出要求，如浙江杭州市和义乌市、安徽宿州市、江西新余市、河北玉田县、福建厦门市海沧区等地将工作流程细分为申请、初核、调查、认定、实施、答复、报备等步骤，环环相扣开展容错。

三是评价一视同仁，加强容错的结果运用。各地对给予容错的干部一如既往的信任支持，公道公正地评价使用，树立起上级为下级担当、组织为干部担当的鲜明导向。许多地方在容错结果运用的方式、途径以及效力发挥等方面积极探索，如江苏、陕西规定，对给予容错的干部在提拔任用以及党代表、人大代表、政协委员和后备干部资格等方面与其他干部同样看待。各地理直气壮地为敢闯敢试的干部撑腰鼓劲，对受到诬告陷害的及时予以澄清，对给予容错的干部加强教育引导，让干部切身感受到组织的温暖，如福建宁德市蕉城区建立健全失实信访举报澄清机制，2017 年以来共为 18 名党员干部澄清正名。

四是坚持抓早抓小，明确纠偏纠错的措施途径。各地坚持有错必纠、有过必改，对苗头性倾向性问题早提醒、勤预警，对已经产生的偏差或错误及时纠正，并认真做好思想教育工作，引导干部正确看待失误错误，继续以良好的精神状态改革创新、干事创业，如福建南平市、江西丰城市建立容错教育回访机制，对给予容错的干部进行回访教育、跟踪管理，持续关心关爱。

但就目前来看，建立容错纠错机制还存在一些突出问题：有的机制十分“抽象”，政治宣誓意味强、可操作性却很差；有的只将基层干部列入容错纠错对象，上级部门或相关纪检部门却“正襟危坐”，做置身事外的“裁判员”；有的只讲“容错”，不讲“纠错”，以致“知错不改”，变“容错”为“纵错”，等等。真正确立起“干部为事业担当、组织为干部担当”的良好导向，让广大干部克服“怕出错”的心理障碍，“卸下包袱”“轻装上阵”，需要正确把握和合理运用容错纠错机制，更要在实际工作中将其落到实处。

容错不是纵容错误。若不清楚“可容”与“不可容”的界限，就极易为别有用心者“钻空子”找借口，让容错成为乱作为者的“挡箭牌”，以致把容错当作一个什么都可以往里装的“筐”。要以习近平总书记提出的“三个区分开来”为基本遵循，严格界定“敢作为”与“乱作为”的概念，严格划分“主观无意”与“明知故犯”、“大胆创新”与“目无规矩”的界限。在不碰纪律红线、不越法律底线的前提下，对“该容的大胆容错，不该容的坚决不容”。严防有人模糊概念、“偷换”概念，拿容错当“保护伞”。

容错更要纠错。“容错”不“纠错”，就等于“纵错”；发现错误、问题，不及时解决，等于在鼓励干部“瞎折腾”。容错与纠错是激励干部干事创业的“一体两翼”，二者相辅相成、并行不悖。在建立完善容错机制的同时，还应建立与之配套的纠错机制，促使干部在出现失误后，及时“止损”，汲取经验教训，避免越做越错、避免重蹈覆辙，更好地开展日后的工作。

容错旨在激发担当。各级组织人事部门要完善考核导向，合理运用容错结果，宽容干部在工作中特别是改革创新中的失误乃至失败，让干事创业者安心放心定心，决不使有冒尖的“领头羊”变成“替罪羊”，决不使担当作为的干部为不可控的工作失误“背黑锅”，以致影响考核评价和提拔使用，要树立起“为负责者负责、为担当者担当”的良好导向，让实干担当的干部免除干事创业的风险顾虑，让他们有想头、有盼头、有奔头，让勇于负责、敢于担当在全社会蔚然成风。

【延伸阅读】

正确运用容错纠错机制为改革创新者撑腰鼓劲

近日，中共中央办公厅印发了《关于进一步激励广大干部新时代新担当新作为的意见》，提出“建立健全容错纠错机制，宽容干部在改革创新中的失误错误”，强调“切实为敢于担当的干部撑腰鼓劲。”我们要深刻领会这一重要精神，正确运用容错纠错机制，为改革创新者撑腰鼓劲，让真正的改革创新者放手闯、大胆干，切实鼓励大胆探索者，宽容改革失误者，鞭策改革滞后者，从而形成激励改革创新的良好环境。

合理“容错”营造敢于干事又有担当的良好氛围

从摸着石头过河，到不断试错探索，改革开放近 40 年的经验表明，很多成绩的取得都伴随着试错纠错的过程。事实上，人的有限理性以及改革的复杂性、不确定性决定了相关决策和工作很难不出现失误。习近平总书记指出，“干事业总是有风险的，不能期望每一项工作只成功不失败”。若是不分情况、不分性质，对犯错的干部搞“一刀切”，不仅会打消那些原本想干事干部的积极性，甚至还会让其走向“怕困难、怕出事、怕犯错、怕担责”的“无为之谷”。现实中，一些改革措施遭遇“中梗阻”，一些重大战略难以落实，一定程度上与一些领导干部有顾虑、不敢改革、不敢创新有关，他们认为“枪打出头鸟”“做得越多风险越大”。因此，为了保护干部改革创新的积极性，必须旗帜鲜明地对干部在改革创新中出现的失误合理“容错”，给改革创新者吃下“定心丸”，以增强干部干事创业、改革创新的信心和勇气，避免让“领头羊”成为“替罪羊”。

《意见》提出要“宽容干部在改革创新中的失误错误”，强调要“及时为受到不实反映的干部澄清正名、消除顾虑，引导干部争当改革的促进派、实干家，专心致志为党和人民干事创业、建功立业”，树立起支持大胆探索、鼓励改革创新的鲜明导向，给锐意进取、改革创新者戴上了“护身符”。合理“容错”为那些敢于创新、敢于改革、敢于作为的干部排除了后顾之忧，让干部能够放开手脚，甩开膀子，在改革发展的大潮中轻装上阵、奋勇前行。

科学划清“可容”与“不容”的明确界限

宽容不是纵容，保护不是庇护。容错不是搞纪律“松绑”“法外施恩”，不能拿容错当“保护伞”。合理“容错”必须充分考虑出发点、性质、过程、后果等要素，在严格甄别“为公”与“为私”动机和严格区分“工作失误”与“违法违纪”性质的基础上，科学划清“可容”与“不容”的明确界限，该容的大胆容，不该容的坚决不容，激励干部在遵规守纪前提下敢闯敢试、开拓创新、攻坚克难、加快发展。《意见》明确指出，“对违纪违法行为必须严肃查处，防止混淆问题性质、拿容错当‘保护伞’，搞纪律‘松绑’，确保容错在纪律红线、法律底线内进行”。

科学划清“可容”与“不容”的明确界限，必须按照“三个区分开来”的要求精准把握政策界限。《意见》明确指出，“把干部在推进改革中因缺乏经验、先行先试出现的失误错误，同明知故犯的违纪违法行为区分开来；把尚无明确限制的探索性试验中的失误错误，同明令禁止后依然我行我素的违纪违法行为区分开来；把为推动发展的无意过失，同为谋取私利的违纪违法行为区分开来。”“三个区分开来”把改革创新中的失误错误与违纪违法作了切割，把严格管理和热情关心干部结合起来，使改革创新者不必再“一手持剑冲锋”“一手拿盾自卫”，从而能全身心地投入到改革创新伟业中去。

切实把“容错”与“纠错”有机统一起来

容错与纠错是激励干部干事创业的“一体两翼”，二者辩证统一、相辅相成、并行不悖。如果只讲“容错”，不讲“纠错”，以至于“知错不改”，就会变“容错”为“纵错”。如果发现错误、问题不及时解决，就等于在鼓励干部“瞎折腾”。客观地说，容错是激励的手段，而不是包庇纵容；纠错是给干部改正错误的机会，使其不至于越走越远、给党和国家的事业造成更大损失。容错不代表可以一直犯错，有错误必须立即纠正，有错不纠，即为失职；只容不纠，就是放任。只有切实把“容错”与“纠错”有机统一起来，既敢于容错又积极纠错，才能发挥预期作用，引导干部既勇于担当、大胆创新，又注意改正错误、少走弯路。

如何对待干部在担当作为时犯的失误错误？《意见》指出：“坚持有错必纠、有过必改，对苗头性、倾向性问题早发现早纠正，对失误错误及时采取补救措施，帮助干部汲取教训、改进提高，让他们放下包袱、轻装上阵。”也就是说，容错不是最终目的，重点在于及早纠偏和及时补救，有效预防干部犯错，及时总结经验教训，做到让干部“少犯错”“不犯错”“不再次犯同样的错”，防止小错变大错，避免过错、错误成为常态。当然，无论容错还是纠错，都应在法律法规的框架内运行。纠错要以法纪为底线，明晰纠错与违法违纪区别，明确“错”的边界和底线，坚决执行严格的纠错标准和严密的纠错程序。对于借改革创新之名徇私舞弊、贪污受贿、假公济私以及严重侵害群众利益的行为，对于打着改革创新的旗号搞劳民伤财的“政绩工程”“形象工程”的行为绝不能姑息，也绝不能适用纠错机制。

（摘编自《南方日报》2018 年 5 月 28 日，作者：张浩）

十五、有些聚会最好不要搞，有些饭最好不要吃

2015年1月13日，习近平总书记在第十八届中央纪律检查委员会第五次全体会议上指出：有些干部聚在一起，搞个同乡会、同学会，一段时间聚一下，黄埔一期二期三期的这么论，看着好像漫无目的，其实醉翁之意不在酒，是要结交情谊，将来好相互提携、互通款曲，这就不符合规矩了，明确要求“这种聚会最好不要搞，这种饭最好不要吃”，“小圈子里的人”终究会成为“一根绳上的蚂蚱”。从近年查处的一系列腐败案件来看，有些饭局真的就是“局”，成为一些干部的权力沦陷之地。

（一）有些饭局就是使权力沦陷的陷阱

打开中央纪委国家监委网站，在显要位置可以看到“违反中央八项规定精神问题监督举报曝光专区”，这个专区接受广大网友通过网站、客户端和微信公众号，对节日期间党员干部出入隐秘场所，组织隐秘聚会，公款吃喝、旅游，收送节礼等不正之风进行监督举报。饭局对于中国人来说，是重要的社交方式。如果领导干部的忙闲与筵席的聚散“同频共振”，这样的饭局就会异化为一个扑朔迷离、波诡云谲的“局”，在此“局”中，上下级关系、政商关系就会变得很危险。党的十八大以来，就有不少党员干部在“饭局”中陷入权钱交易陷阱，最后走上贪污腐化道路。

中央八项规定出台后，正风肃纪重拳出击。重压之下，仍有人顶风违纪，举办所谓由个人出钱、与“公”不搭界的上下级间聚会，由“明吃”转为“暗吃”，由“吃公”转为“吃私”。2015 年 8 月 14 日，中央纪委监察部网站通报，江苏省委原常委赵少麟严重违纪违法被开除党籍。其中“严重违反中央八项规定精神，纵容其子开设私人会所，并多次在私人会所宴请有关领导干部”尤为扎眼。据相关媒体报道，赵少麟父子利用私人会所，大肆组织“隐秘聚会”，拉拢腐蚀、罗织关系，培植人脉、打通关节，害了一批党员领导干部。另外，在诸如吕锡文、艾宝俊、周本顺、何家成、谷春立、王敏、万庆良等多名中管干部的处分决定中，均有“严重违反中央八项规定精神，多次出入私人会所”的情节，可见其贻害之巨、荼毒之深。2013 年 12 月 16 日，中央纪委作风建设专题片中曝光了黑龙江原副省级领导干部付晓光因私公款消费，大量喝酒致陪酒人员死亡的典型案件。随后，经中央纪委直接查办，付晓光被免去职务，由副省级降为正局级，留党察看一年。像这样公款豪饮喝死人的案例虽然较为极端，但现实中，热衷各种饭局确实已成为某些领导干部的一种“生活习惯”。据中央纪委监察部网站透露，安徽省政协原副主席韩先聪多次出入高档酒店和私人会所接受党政干部、国企老总、私企老板的宴请。在中央纪委对其宣布立案调查决定的当天，他的手机信息显示，当天有两场饭局，中午晚上各一场；广州市原市委书记万庆良在中央八项规定出台特别是中央整治“会所中的歪风”通知下发以后，仍然多次出入私人会所，在被组织调查的前几天，他还到会所大吃大喝。尽管中央下大力气整治“会所中的歪风”，但在近两年中央纪委及地方纪委通报中，还经常出现领导干部“多次出入私人会所”的表述。

正常的聚会本是件可以增进友谊、加强沟通的好事，是保持良好人际交往的途径。但“隐秘聚会”深究起来，其形式、特点、赴会人群则大为不同。形式上，“隐秘聚会”有“此地无银三百两”的嫌疑，如果是正常聚会，为何要躲躲藏藏？特点上，“隐秘聚会”是以赴会为幌子，借此实现互通款曲和利益交换，可谓醉翁之意不在酒，吃的是饭，赴的是“局”；人员上，多为有权的官员和财大气粗的商人。上述案例显示，“隐秘聚会”和“私人会所”往往关联紧密。隐蔽与私密，是二者的共同特性，在中央八项规定精神持续贯彻、纠正“四风”高压持续加大的形势下，一些动机不纯的党员领导干部更加在意活动的私密性，逐渐把吃喝交际转入地下，使会所逐渐成为见不得“阳光”的藏污纳垢之地。

“隐秘聚会”的出现，说到底，是因为少数党员干部纪律和规矩意识淡薄，不把中央的规定当回事。在私人会所聚餐，助长奢靡之风、滋生腐败行为，而隐秘聚会，往往会在吃喝玩乐背后，为“团团伙伙”、非组织活动、权钱交易、权色交易等严重违纪问题提供土壤和温床。此外，也有官员打着“沟通感情”“联系工作”的幌子，明修栈道，暗度陈仓，公款建私人“圈子”，致使群腐频现，实在令人发指。确实，不良风气不仅给腐败浪费提供了滋生的土壤，久而久之，党员干部们更在觥筹交错、你来我往中消磨了个人意志，最终“圈子中人”携手走向了腐败之路。事实上，“隐秘聚会”已成为一些领导干部的权力沦陷之地。

可以说，当权力一再膨胀而难受约束时，必定倒逼官场饭局学问不断走向更加扭曲；当不请吃也可按规定办成事办好事，官场泛滥的请吃之风自然会戛然而止。因此，不是官场饭局学问真就深似海，而是权力的边界模糊不清，如若加强了对权力的约束和监督，真正把权力关进了制度的“笼子”，那么饭局自然而然会回归“本性”。此外，对于官员本人来说，也应该洁身自好，知道什么饭局该参加，什么饭局不该参加，莫要被不良的饭局拉下马，否则，到时再后悔都已经晚矣。

（二）吃的是饭，赴的是局

中国人的饭，叫“饭局”。“局”，原本是下棋之术语，引申出“情势、处境”，后来再引申出“赌博、聚会、圈套”的意思。吃饭事小，设局事大。饭局对于大多数中国人而言，从座位排放到上菜顺序，从谁先动第一筷到什么时候可离席，都有讲究。吃顿饭本无可厚非，但一些饭局明显目的不纯，真成了布好的“局”：不是简单意义上的吃喝，也非维系感情的必需，背后很可能吃的是公款，也可能隐藏着借助饭局搞小圈子、拉山头、谋情、谋事、谋权的影子。

可以说，党的十八大以来，随着各地纪委铁面执纪，中央八项规定深入人心，在各地建章立制的探索中，领导干部饭局的“红线”愈加清晰，公职人员“八小时之外”的“戒尺”也更加明确，不仅为官员划出了“红线”，同时也不折不扣地把监管和查处落到了实处。但是，在如此高压势态下，官员吃喝之风为何仍是屡禁不止，频频爆出。2017 年 2 月 16 日晚，包括纪检系统领导干部在内的多名党员领导干部顶风违纪、参与公款吃喝……陕西省纪委严肃查处并公布了处理结果，陕西省纪委派驻省委办公厅纪检组组长郑东平、省委机关事务管理局副局长兼接待办主任杨锦两人受严重警告处分，其他 8 名干部受党内警告处分，1 名干部受批评教育。江西省纪委通报，2016 年 12 月 27 日，郑州煤机 (江西) 综机设备有限公司党委负责人带头、纪委书记作陪，聘请专门厨师，在单位内部食堂大吃大喝，有名贵食材烟酒供应、请人表演助兴……最终共有 14 名干部受到处分。2016 年 8 月 12 日，江西省纪委通报，江西省纪委党风政风监督室主任陈阳霞、江西省委组织部干部教育处处长程子亮等官员因出入私人会所接受吃请受到处分。

近年来，公职人员因公款吃喝问题被通报曝光的案例频繁发生，究其根源还是在于这深入每一个中国人骨髓的饭局文化。在中国的传统文化中，饭局文化可谓历史悠久，源远流长，春秋时代的齐景公，在饭局上“二桃杀三士”；蔺相如渑池会秦王，开赵国数十年之太平；宋太祖赵匡胤在饭局中谈笑间“杯酒释兵权”。“鸿门宴”“青梅煮酒论英雄”等，这些历史上著名的饭局更是耳熟能详、人尽皆知，充分体现了中国饭局文化的深刻内涵。现代的饭局文化，就是实质上变异的阶层文化、官僚文化。实质上官员们出来赶赴饭局，就是出来谈事情、拉交情，这是中国的社会文化、官场文化，由来已久、根深蒂固。这种文化可以说是一种糟粕、陋习，而这种陋习在今天的社会一度泛滥成灾。谈事情，为何要在酒桌上谈？在办公室里不能吗？攀交情，为何要攀？君子之交淡如水，公事公办不可以吗？

习近平总书记要求："对领导干部来说，除了工作需要以外，少出去应酬，多回家吃饭。省下点时间，多读点书，多思考点问题。"面对形形色色的饭局，党员干部、公职人员要把握饭局的"红线"，对目的不纯的饭局坚决说"不"，才能做到不触电、不嘴软，也不会栽在因"饭"而设下的"局"里。

要多问多看。在接到饭局邀请后，领导干部们先不要着急答应。先来问三个问题，根据问题答案决定自己的态度。一问谁埋单。私人聚会"公款买单"是大忌，买单者"误人误己"，参加聚会的党员干部也会"被牵连"。二问和谁吃。私人聚会要注意参与对象，除客人来访、朋友聚会等正常人情接待往来，对其他以同学会、老乡会等名义举办的带有明显小圈子性质的聚餐活动，应明确拒绝。三问在哪吃。"会所"请吃很敏感。公职人员不得出入私人会所，更不得在私人会所、高消费娱乐场所安排或参与他人安排的吃请。这三个问题搞清楚后，对其他吃请人情况、吃请动机、吃请范围不明的饭局，要随机应变，自觉回避。① 领导干部参加一个饭局，是否会被认定为大吃大喝？可以通过"四看"法来判断。一看吃喝人数，无关陪同人员过多的，属大吃大喝。二看消费总额，点鱼翅、鲍鱼、松茸等菜品的高价消费，属大吃大喝。三看菜品数量与就餐人数比例，如三五个人点了十几个菜，可以认定为大吃大喝。四看就餐场所，有食堂的一律在食堂接待和就餐，无食堂的，严格按照就餐标准在外用工作餐，不允许到高档酒店接待和公款消费。

自觉屏蔽不合时宜的饭局。身为社会关系网中的领导干部，各

---

① 参见《领导干部的饭局"红线"在哪里？》，载新华网 2015 年 5 月 18 日。

类饭局那么多，不好辨识的话，牢记公务宴请、上下级之间搞的互相吃请、同城之间安排的公务用餐、基层单位吃请、异地接待、村级组织安排的吃请、企业安排的吃请、到企业搞变相吃喝、公务外出期间公款吃喝、参加带有公务接待性质的夜宵、接受管理服务对象安排的吃请、接受可能影响公务执行的吃请、用公款宴请私客、在内部接待场所宴请私客、在内部接待场所搞变相吃喝、参加在私人会所或高消费娱乐场所安排的吃请、参加同学会老乡会等带有小圈子性质的聚餐、参加大操大办的婚丧喜庆宴席、参加各类带有敛财性质的宴席、参加其他违反规定有损形象的饭局共 20 类饭局坚决不去。

（三）靠得住的还是要把官场饭局纳入法治轨道

新修订的《中国共产党纪律处分条例》对“私人会所”“隐秘聚会”作出了相关禁止性规定。党员不得接受“可能影响公正执行公务的宴请或者旅游、健身、娱乐等活动安排”，不得“违反有关规定组织、参加用公款支付的宴请、高消费娱乐、健身活动”，党员领导干部不得“违反有关规定组织、参加自发成立的老乡会、校友会、战友会等”。“违反有关规定出入私人会所，情节较重的，给予警告或者严重警告处分；情节严重的，给予撤销党内职务或者留党察看处分。”条例对这些行为列出的“负面清单”，已然把纪律挺在了前面，党员领导干部必须带头严格执行，从遵章守纪做起，自觉远离“隐秘聚会”，不越雷池半步。

但很多曝光出来的案例提示我们，随着纪检监察处罚力度的加大，一些更加隐蔽的“对应之策”也悄悄生发。所谓道高一尺魔高一丈，要从根本上肃清大吃大喝的饭局现象以及饭局背后更深的种种

“阴谋”，一方面要从主观上摘除领导干部利用饭局打小算盘的思想毒瘤，更重要的是在客观上不断建章立制，让“饭局红线”愈发清晰，也让公职人员“八小时之外”的“戒尺”更加明确。只有这样内外共修，才能让领导干部对进入私人会所，组织隐秘聚会等行为有所忌惮，让领导干部们的饭局真正回归朴素和单纯。

紧盯“关键少数”。从严管党治党是党组织共同的政治责任。各级党组织要针对“出入私人会所，组织隐秘聚会”等作风问题，加强对党员干部的管理和教育，发现问题及时提醒、坚决纠正。各级纪检监察机关要强化问责，推动各级党委（党组）切实抓好纪律规定的执行，要紧盯党员领导干部，严肃查处此类违纪行为，切实形成威慑。

激活群众监督力量。查处隐秘聚会，离不开群众的参与和监督。群众的眼睛是雪亮的，各级纪检监察机关须进一步畅通网站、手机客户端、微博、微信等监督渠道，发动广大群众借助这些新技术平台，对顶风违纪者，手机拍照就上网，一搜全国都知道。再加上一些地方推行的“纠风志愿者”“特约监督员”等有效做法，无处不在的群众监督，将令“隐秘聚会”无处隐身。

强化点名道姓通报曝光。定期通报曝光违纪问题，可以有效发挥震慑作用，尤其是在年节假期等关键节点，更要综合运用多种通报曝光形式，强化提醒警示。比如，以专题通报形式集中曝光典型的“出入私人会所，组织隐秘聚会”问题，释放一抓到底的强烈信号，让党员领导干部收敛、知止。

运用好监督执纪“四种形态”。以事实为依据，根据不同情节给予对应处理，既能以严肃处理给不收手、不收敛者以迎头痛击，又能用民主生活会等方式形成氛围，以身边人、身边事教育大多数干部。比如，对“组织隐秘聚会的”一律从严查处，对“参加聚会的”，除党纪政纪处分，还应让本人在组织生活会上检讨，红红脸、出出汗，以达到“惩前毖后、治病救人”之功效。

【延伸阅读】

“小圈子”，入不得！

“以治理党员干部五类‘酒局圈’为切入点，在全省开展严明党的政治纪律和政治规矩整治‘帮圈文化’专项排查工作。”日前公布的《中共河南省委关于巡视整改进展情况的通报》显示，河南省委针对中央巡视组指出的“官本位思想和圈子文化仍然存在”的问题，开展了系列整改工作。比如，组织全省260余万名公职党员干部签订不参与“小圈子”，不搞拉帮结派、团团伙伙等行为承诺书；把是否存在拉帮结派、搞“小圈子”纳入干部考察内容等。

本来，因为志同道合或兴趣、爱好一致，形成常来往、常交流的朋友圈，无可厚非。但“酒局圈”等“小圈子”显然不属于此类正常的圈子，而是变异了，成为不正常的人身依附和利益输送的渠道，进而滋生出一荣俱荣、一损俱损的“圈子文化”，成了诱发腐败、破坏政治生态的温床。更有甚者，“小圈子”的组织者、参与者以权力、金钱为纽带，搞团团伙伙，拉帮结派，进行非组织活动，其危害性就更大了。

无论是近年来查处的“系统性腐败”“塌方式腐败”等大案要案，还是发生在一些地区、部门的腐败窝案，均反映出“小圈子”“圈子文化”在一定范围内的大行其道。不久前，中央纪委国家监委网站梳理了一些党员干部搞“小圈子”的典型案例。其中，有打着“干亲”旗号，为商人老板站台撑腰的“干亲圈”；有利用微信群互通政、商信息，进行权钱交易的“微信圈”；有聚集一些干部吃吃喝喝、聚众娱乐的“酒局圈”，还有“老乡圈”“球友圈”，等等。这些形形色色的“小圈子”，或拉帮结派，或官商勾结，或权钱交易。入圈者的醉翁之意在哪里？并不在“圈”，而在圈子背后的权力“结盟”“勾兑”“变现”。一言以蔽之，就是想借助“小圈子”实现个人利益最大化。

“党内决不能搞封建依附那一套，决不能搞小山头、小圈子、小团伙那一套，决不能搞门客、门宦、门附那一套，搞这种东西总有一天会出事！”习近平总书记反复告诫党员干部要坚决远离各种“小圈子”，可谓有的放矢、用心良苦。党的十九大报告强调把党的政治建设摆在首位，并明确要求坚决防止和反对宗派主义、圈子文化、码头文化。《关于新形势下党内政治生活的若干准则》强调，“党员、干部特别是高级干部不准在党内搞小山头、小圈子、小团伙，严禁在党内拉私人关系、培植个人势力、结成利益集团”。新版《中国共产党纪律处分条例》中，针对“在党内搞团团伙伙、结党营私、拉帮结派、培植个人势力等非组织活动，或者通过搞利益交换、为自己营造声势等活动捞取政治资本的”，划明了“红线”。由此可见，防止形成“小圈子”、反对“圈子文化”，不是小事，必须引起各级党组织和广大党员干部的高度重视。

记住一句话：“势利之交，难以经远；奔竞夤缘，难得善终。”

（摘编自《中国纪检监察报》2018 年 10 月 31 日，作者：兰琳宗）

十六、决不能搞封建依附那一套

中国共产党发展的历史证明，一切宗派组织和宗派活动，实质上都起着瓦解党的消极作用。党从建立起就是一个统一的马克思主义政党，反对党内以任何形式出现的宗派组织和宗派活动。党的十八大以来，习近平总书记多次强调维护党的团结统一的极端重要性：“党内决不能搞封建依附那一套，决不能搞小山头、小圈子、小团伙那一套，决不能搞门客、门宦、门附那一套，搞这种东西总有一天会出事！”这为新时代规范党内上下级关系、维护党内民主平等的同志关系提供了重要遵循，有利于防止和纠正选人用人不正之风，形成积极健康的良好政治生态。

（一）干部都是党的干部，不是哪个人的家臣

党员只有一个上级，那就是组织，干部只有一个靠山，那就是人民。不能把党组织等同于领导干部个人，对党尽忠不是对领导干部个人尽忠。党的十八届六中全会指出："任何人都不准把党的干部当作私有财产，党内不准搞人身依附关系。"贯彻落实这一重要精神，要求我们从思想深处划清党内同志关系的标尺，防止党内关系庸俗化，净化政治生态。

所谓"人身依附"，说到底，就是封建社会"搞门客、门宦、门附那一套"。一些领导干部把单位当成了自家领地，上下级间不是纯洁的同志关系，而是把下属当成"家臣"，甚至是"保姆"，对下属颐指气使、以权压人，下属干部稍有不慎，就可能被"穿小鞋"；而下属干部，把个人的成长进步寄托在他人身上，他们以为，只要跟对了人，就能"好风凭借力，送我上青云"，于是，为了迎合领导的意图，获得领导干部的欢心和赏识，总是对领导干部低三下四、马首是瞻，可谓卑躬屈膝，尽显一副"奴态"。而一些讲党性的干部，即使有再大的本事，工作做得再出色，最后都因不愿意与领导走得太近，接受不了领导干部"家长"般颐指气使，自然就成了"圈外人"，不可能得到领导的重用。这种现象充分说明，虽然现代政治已经走上了良性的民主法治之路，但封建社会做官老爷、蓄家奴、养门宦、炫官威、摆官阔、封妻荫子、光宗耀祖等腐朽落后思想，在个别领导干部中又沉渣泛起。这不仅破坏了党的组织纪律，还严重损害了党和政府的公

信力和整体形象，更是滋生出官员贪污腐败、权钱交易等违纪违规违法行为的土壤。

近几年，在一些贪腐案件中，“挖出一个，牵出一串”的案情现象令人触目惊心，尤其是“窝案”“串案”“塌方式腐败”成为社会关注的问题。究其原因，其中最重要的就是下级与上级之间形成了人身依附关系。油气田合作开采权的审批，有着一套严谨的程序审查，但多名中石油原高管为满足中石油原董事长蒋洁敏的要求，把一整套制度都抛在了脑后，违规为他人获得 9 个油气田区块的合作开采权，致使他人非法获利达 30 多亿元。“应该按照文件要求办，按程序把关。但当时我没多想，反正是蒋洁敏安排的事，把它办好就行了。”曾经热播的大型反腐专题片《永远在路上》中，中石油原高管王道富回忆起违规操作时，动机竟如此“纯粹”。另一名中石油原高管冉新权也说:“很多事，一听说是领导安排的，大家都不愿意得罪领导；一听说有背景，大家也就睁一只眼闭一只眼过去了。”苏荣案中第一个被查实的线索，是涉及南昌钢铁集团改制过程中资产贱卖的问题。苏荣指示省国资委必须选择某一家特定企业为合作对象，又硬性要求降低国有资产评估价格，贱卖给这家企业，造成国有资产流失接近 10 亿元。背后，苏荣的妻子和女儿收受了这家企业的巨额好处费。尽管执行这个指示，必然要违反相关程序和规定，但由于这是省委书记的指示，很多人还是按苏荣的意愿去做了；也有干部在这件事上坚持原则，结果遭到了打击报复。如果说上对下搞家长制、要求别人唯命是从，是一些落马领导干部内心膨胀并最终走向毁灭的“助推器”，那么，下对上的无原则服从则把一批干部裹挟着推向违纪违法的深渊，这也正是他们的可悲之处。

少数党员干部崇尚人身依附关系，是不讲党性、不讲原则、不讲纪律、不讲规矩的现实表现。它本身虽不是腐败，却是滋生腐败的土壤；它本身虽不违法，却是法治的腐蚀剂。一是破坏了党的民主集中制原则。在一些地方和单位，一把手“一言堂”已成自然。有的领导干部习惯于家长作风，只爱听好话、恭维话，独断专行、颐指气使，把提拔任用干部看成个人恩赐。二是破坏了党内同志关系的严肃性。有的人惯于搞“语言贿赂”，给领导干部“戴高帽子”，不但助长吹捧之风，还滋生官僚主义。三是破坏了党内团结。有的人搞亲疏远近，热衷于“找门子”“拜码头”，有的人极尽讨好取悦领导之能事，寻找机会与领导配偶、子女及亲属套近乎，做“家臣”还沾沾自喜、感恩戴德，把同志关系、上下级关系变异成等级关系、主仆关系。一些地方小团体里的恩师门生、铁杆哥们关系代替了党的原则，队伍里、班子内拉帮结派。四是破坏了党的选人用人制度。一些领导干部在选人用人上搞“公权私恩”，便有一些人不比工作比靠山，而钻营关系之道，导致一些地方原本正常的干部选拔任用变成小圈子里选人用人。五是破坏了党内监督程序。少数领导干部把自己主管的地方和单位变成个人的“世袭领地”。一事当前，不管对错先问亲疏远近，结果必然是形成小圈子、小山头，造成组织涣散、自由主义盛行。下属也不敢监督上级，党内监督流于形式。党内人身依附问题的种种表现，是当前党的作风建设亟须解决的问题。

党内人身依附关系这个毒瘤，从社会浸淫到党内、影响党风，又从党内弥漫到社会、影响社会风气，甚至点燃了封建人身依附腐朽观念的沉渣与死灰，使得人身依附在其他行业和领域也不断出现。有位年轻人，刚进基层单位不久，就被同事私底下问询：“你是谁的人？”他事后很是郁闷：是不是进机关就得“选边站队”，非得成为“谁的人”？难道靠认真工作、正直为人就没有好的前途吗？

封建的人身依附关系与我们党的性质和宗旨格格不入，历来为我们党所反对。毛泽东同志指出：“我们都是来自五湖四海，为了一个共同的革命目标，走到一起来了。”20世纪80年代，邓小平曾批评不少地方和单位“都有家长式的人物，他们的权力不受限制，别人都要唯命是从，甚至形成对他们的人身依附关系。……不应当把上下级之间的关系搞成毛泽东同志多次批评过的猫鼠关系，搞成旧社会那种君臣父子关系或帮派关系”[①]。习近平总书记在不同场合多次严肃告诫：“党内决不能搞封建依附那一套，决不能搞小山头、小圈子、小团伙那一套，决不能搞门客、门宦、门附那一套。”1980年2月，党的十一届五中全会制定通过的《关于党内政治生活的若干准则》提出：“任何人不得把党的干部当成私有财产，不得把上下级关系变成人身依附关系。”2016年10月，党的十八届六中全会通过的《关于新形势下党内政治生活的若干准则》再一次明确规定，“任何人都不准把党的干部当作私有财产，党内不准搞人身依附关系”，为我们严肃党内生活、纯洁同志关系指明了方向、提供了遵循。

唐朝晚期，面对“牛李党争”的乱局，唐文宗发出“去河北贼易，去朝廷朋党难”的无奈慨叹，留下了“朋党兴，政事乱”的历史警思。今天，朝着全面深化改革的远大目标，越是在激流漩涡中劈波斩浪，在风险挑战中迎难而上，就越是需要一支团结一致、奋发有为的党员、干部队伍。根除党内人身依附关系问题，一是加强思想教育，摒弃特权思想，势在必行。思想是行为的先导，思想观念跑偏了，行为必然走样。二是建立阳光透明的权力运行机制，坚持公道正派的官场风气，坚决纠正任人唯亲的用人方式，真正建立“能者上、平者让、庸者下”的制度机制，切实让党性回归，让制度说话，让法治得道，切实让政治文明，让群众得利，让拉帮结伙、投机取巧者丧失存在的空间和发展的可能，切实在党内外形成一种风清气正的良好氛围。三

---

①《邓小平文选》第2卷，人民出版社1994年版，第331页。

是要继续以零容忍的高压态势严惩贪腐圈子，加大对窝案串案的惩治力度，不管涉及谁，不论职位高低，一经发现，坚决查处，一查到底，绝不姑息，从而不断改善政治生态，进而改善社会风气。

（二）决不能搞小山头、小圈子、小团伙那一套

党的十八大以来，习近平总书记对坚决杜绝一些党员干部搞“小山头”“小圈子”“小团伙”作出了一系列重要指示。在十八届中央纪委五次全会上，他强调指出，“党内绝不允许搞团团伙伙、结党营私、拉帮结派，搞了就是违反政治纪律”。纵观十八大以来的一些窝案、串案及塌方式腐败案，习近平总书记的讲话可谓直指症疾，语重心长，有很强的现实针对性，值得全党同志高度重视和警惕。

“小山头”“小圈子”“小团伙”就是结党营私、拉帮结派，实质上是“一荣俱荣，一损俱损”的利益联盟，是宗派主义的典型表现。我国古已有之。欧阳修写过一篇《朋党论》，他从尧舜禹汤到秦汉唐宋，对朋党的严重危害作了深刻分析，许多朝代就是亡于朋党。120年前的中日甲午海战，北洋水师一败涂地也是最好的例证。李鸿章身为安徽人，坐镇北洋时，“凡乡人有求，无不应之”。民间都知道，“会说合肥话，就把洋刀挎”。军营的重要职位，“外省人几无容足之所”。刘铭传与李鸿章同县，观其所用之人，不禁大骇：“如某某者，识字无多，是尝负贩于乡，而亦委以道府要差，几何而不败耶！”

当前，党内政治生活状况总体是好的，但一个时期以来，也出现了一些亟待解决的突出矛盾和问题，特别是这其中的一个突出表现是高级干部中极少数人政治野心膨胀、权欲熏心，搞阳奉阴违、结党营私、团团伙伙、拉帮结派、谋取权位等政治阴谋活动。大量案例证明，党的肌体内一旦形成小山头、小圈子、小团伙等“癌细胞”，破坏力

是惊人的。周永康就是一个反面典型。周永康在自己大搞权钱、权色交易、严重损害党和人民事业的同时，也带坏了一批干部。辽宁贿选案令人痛心。中央巡视组在对辽宁的“回头看”反馈意见中指出，辽宁的政治生态已遭到严重破坏，圈子文化盛行，一些领导干部肆无忌惮拉帮结派，全省上下不同程度存在小圈子、帮派现象，各种势力相互比拼，形成人身依附关系。爱打网球、爱好中医养生的吕锡文担任北京市委领导后，身边逐渐聚集起了“网球圈”“养生圈”。她的丈夫做红酒生意，他们家定期举办品酒会，于是又形成了“品酒圈”。殊不知这些圈子都是围绕着她的权力形成的，但吕锡文不以为然，日积月累，终为“圈子”所累，受到党纪严惩。

随着作风建设和反腐败斗争的深入推进，枝枝蔓蔓的关系不好用了，形形色色的靠山不灵通了，清清爽爽的政治生态正在形成。然而，在个别单位小山头依然岿然不动，小圈子依然打得火热，小团伙依然抱得很紧。这些搞小山头、小圈子、小团伙的人形形色色，他们的目的和手段虽有所不同，但大都是以利禄相勾结，以升迁相依附。他们以亲朋故旧、同乡、同学、同事，或以兴趣爱好、利益价值相同为主体，结成利益同盟；他们同气相求，相拜结盟，称兄道弟，有的甚至还沿用青洪帮的称谓；他们或为谋求圈子庇护的“安全感”，或为寻求团体谋私的“超能力”，或为开辟进步的“快车道”，乐此不疲忙着寻找“乡缘”“学缘”“业缘”的“团员”。派系意识流风所及，一些干部只知有门户、不知有组织；只知有私利、不知有公义。一事当前，他们想的不是党的利益、国家的利益、人民的利益，而是个人利益、小团体利益；他们在一起吹吹拍拍、官官相护、吃喝玩乐、利益输送、贪污受贿，支持亲信、排斥异己，徇私枉法、胡作非为。2015年底，福建省龙岩市连城县出现系列严重违纪案件，涉案人员多达16人，涉案金额3000余万元。在这一系列案件中，最引人注意的便是由原县委书记、县人大常委会主任、县政协主席和县财政、交通、公安等部门主要负责人组成的贪腐“共荣圈”，他们定期聚会，相互包庇，其“江湖习气”严重污染了连城的政治生态，引发了恶劣的影响。更值得深思的是，当团结变成“结团”，当宗派盘根错节，难分难解。由此可见，宗派主义严重侵蚀党的思想道德基础，严重背离了党的政治原则、组织原则和党的纪律，严重破坏党的团结和集中统一，严重损害党内政治生态和党的形象，严重影响党和人民事业发展。他们是党的健康肌体上的毒瘤，应当引起高度重视，坚决予以清除。

1944 年，毛泽东在《学习和时局》中就指出，山头主义倾向严重地妨碍着党的统一和妨碍着党的战斗力的增强。邓小平同志曾说：“小圈子那个东西害死人哪！很多失误就从这里出来，错误就从这里犯起。”党的十八大以来，习近平总书记反复强调要加强党的纪律建设，严明政治纪律和政治规矩。他明确告诫全党：“党内上下关系、人际关系、工作氛围都要突出团结和谐、纯洁健康、弘扬正气，不允许搞团团伙伙、帮帮派派，不允许搞利益集团、进行利益交换。”[①] 这是对全党的谆谆告诫，是全面从严治党的必然要求。

2018 年修订的《中国共产党纪律处分条例》对处理“团团伙伙”现象作出了具体的规定：“在党内搞团团伙伙、结党营私、拉帮结派、培植个人势力等非组织活动，或者通过搞利益交换、为自己营造声势等活动捞取政治资本的，给予严重警告或者撤销党内职务处分；导致本地区、本部门、本单位政治生态恶化的，给予留党察看或者开除党籍处分。”这为打破团团伙伙现象提供了纪律尺度。

当前，党内的“小山头”“小圈子”“小团伙”问题，并非一日之寒，也绝不是个别罕见。对于这类“帮派”，当下的反腐斗争已经

①《习近平关于严明党的纪律和规矩论述摘编》，中央文献出版社、中国方正出版社 2016 年版，第 21 页。

给予重创，但有的还在互保自固、流变转移，甚至还有“抱团过冬”的，“盘根错节”，并未“一朝倾覆”。这就需要从根本上刮骨剔毒，才能真正改造政治生态，重塑党内规矩。一是要抓纪律。中国共产党不是“乌合之众”，不是“私人俱乐部”，而是靠革命理想和铁的纪律组织起来的马克思主义政党，纪律严明是党的光荣传统和独特优势。要把党的纪律和规矩挺在前面，以零容忍的态度抓早抓小、严查深究。二是要抓教育。要加强领导干部的理想信念教育。理想信念是共产党人精神上的“钙”，没有理想信念，理想信念不坚定，精神上就会缺“钙”，就会得“软骨病”。要督促各级干部做政治上的明白人，增强党员干部自警、自省、自律的能力，自觉抵制“认人不认党”“拜码头不敬组织”的歪风邪气。三是把反腐的严打与改革的厉行结合起来。反腐是为改革清道，而改革才是反腐的根本。只有这样，我们才能积聚起磅礴之力，去实现中华民族伟大复兴的梦想。

（三）所有党员都应该平等相待

在党内，所有党员都应该平等相待，都应该平等享有一切应该享有的权利、履行一切应该履行的义务。[①]党的十八届六中全会审议通过的《关于新形势下党内政治生活的若干准则》重申，“坚持党内民主平等的同志关系，党内一律称同志”。加强和规范党内政治生活，贵在落细落小，我们要充分认识“所有党员都应该平等相待”的深刻内涵，让其成为必须落实的政治规矩。

我们党是由中国工人阶级的先进分子和中国人民、中华民族的先进分子所组成的为着共同理想和目标而奋斗的先锋队。民主平等的同

① 参见《十八大以来重要文献选编》(上)，中央文献出版社 2014 年版，第 769—770 页。

志关系，是我们党自成立之日起就具备的一个鲜明特征，也是同资产阶级政党和一般社会组织的本质区别所在。战争年代，在党领导下的人民军队中，官兵平等与长官欺压下属的封建军阀式关系形成强烈对比，密切了官兵关系，使得上下同心、坦诚互动、密切配合，成为党领导军队取得最终胜利的一个重要保障。彭德怀任西北野战兵团（后改称“西北野战军”）司令员兼政委时，负责指挥陕甘宁地区的所有部队。其中，西北野战军第一纵队司令员贺炳炎、政委廖汉生曾长期跟随贺龙转战南北，习惯了贺龙宽和直爽的指挥风格。而彭德怀与贺龙的指挥风格迥异，其脾气比较急躁，这让年轻气盛的贺炳炎、廖汉生一时难以适应，为此，没少和彭德怀“顶牛”。甚至在西野前委扩大会议上，因接受不了彭德怀的批评，二人当场表示“不干了”。会后，在贺龙的批评教育下，贺炳炎、廖汉生认识到错误，主动向彭德怀检讨。彭德怀却笑着连连摆手，不仅没有把“顶牛”的事放在心上，反而十分喜欢这两个部下“有话就说”的痛快劲儿。在他看来，上下级之间有不同意见就应该摊在桌面上，哪怕拍桌子骂娘都没关系。当场，彭德怀还做了自我批评，表示在指挥方法上要改进。双方彼此沟通，坦诚相见，相互理解，关系融洽，指挥也就顺当了。一纵队很快成为西北野战军能打硬仗的主力。①

党内一律称同志，是坚持党内民主平等的同志关系的具体体现。革命战争年代，党内党员之间不分职务高低一直以“同志”互称。新中国成立后，出于对毛泽东等领导人的尊敬，在党内的文件中出现了称呼职务的现象。1959 年 8 月，毛泽东在致刘少奇、周恩来等人的信中，就党内称谓问题提出明确意见，“建议：一律称某某同志”。1965 年 12 月，中央专门就党内称呼问题发出《中共中央关于党内同

① 参见胡静:《营造规规矩矩的上下级关系》，载《中国纪检监察》2017 年第 10 期。

志之间的称呼问题的通知》，要求“今后对担任党内职务的所有人员，一律互称同志”。此后，1978 年 12 月公布的《中国共产党第十一届中央委员会第三次全体会议公报》，1980 年 2 月公布的《关于党内政治生活的若干准则》等都强调党内要以“同志”互称。[①]“同志”绝非简单的称谓，这足以看出，革命情谊的精神纽带和“党内民主平等的同志关系”的丰富政治内涵。

第一，我们党的干部，无论官多大、位多高，首先是一名共产党员、是人民的公仆。党员干部特别是党员领导干部，要有清醒的普通党员身份意识，不能忘记自己是从群众中来的，要到群众中去。牢记权为民所赋，利为民所谋，情为民所系。“党员干部”，“党员”在前，“干部”在后。当干部有穷期，做党员却是一辈子的。党员只有分工不同，没有地位高低之分，在党内大家都是民主平等的同志关系。忘掉党员这个第一身份，就会凌驾于其他党员之上、凌驾于组织之上，朝着“特殊党员”的方向越走越远。

第二，所有党员平等享有党章规定的权利、履行党章规定的义务。我们党倡导“五湖四海”，鼓励开展相互批评，同志之间出诤言、做诤友，经常咬耳朵扯袖子、红红脸出出汗，不搞好人主义。而其前提是必须尊重党员主体地位、保障党员民主权利，落实党员知情权、参与权、选举权、监督权等。习近平总书记曾以普通党员身份参加所在党支部组织生活会。在会上，他对大家说，参加支部生活会，我们都是平等的、普通的一员，这也是作为共产党员应尽的义务。共产党员只有牢记“第一身份”，才能始终保持理想信念的坚定、思想的纯洁和情趣的健康，才能把心思和精力用在发展党的事业和服务人民上。

第三，所有党员平等地接受党的纪律的约束，任何违反党纪的行

① 参见张荣臣、元章:《坚持党内民主平等的同志关系》，载《学习时报》2016 年 12 月 29 日。

为，都必须受到追究。一方面，党员人人守纪是党纪面前一律平等的基本要求。这也就是说，遵守党的纪律没有特殊，更没有例外。共产党员永远是劳动人民的普通一员，不得谋求任何私利和特权。牢记党纪、遵守党纪、自觉执行党纪，是每一个党员、干部应有的纪律意识和觉悟境界。另一方面，党员违纪必究是党纪面前一律平等的应有之义。任何违反党纪的行为，都必须受到追究和处分。党组织不是党员和领导干部违纪违法的“避风港”，党内决不允许有腐败分子的“藏身之地”。党的十八大以来，我们党严肃查处了一些党员干部包括高级干部的严重违纪问题，坚决祛除滋生在党的健康肌体上的毒瘤，表明了我们党坚定不移惩治腐败的坚强决心和鲜明态度。

然而，随着市场经济快速发展，在各种思潮的影响下，少数党员干部把商品交换的原则带入党内，思想、行动也发生明显的变化。就“同志”称呼而言，“逢长必叫”“叫大不叫小，叫正不叫副”的现象比较盛行，带有江湖味道的“老板”“老大”等称呼也悄然流行起来，而过去让人倍感亲切和倍受尊重的“同志”等称谓反而不怎么叫了。虽然这只是称呼的变化，但实际上，思想上忘掉了党员的身份，党性意识就会弱化，言行举止就很难以党员标准要求自己。云南省广电网络集团有限公司原党委书记、董事长王建又在巡视进驻的见面沟通会上，听人“叫他‘书记’时竟打愣”；吉林省白城市人大常委会原副主任冷有春忏悔“随着职务的提升、权力的增大，愈加放松了对自己的要求，完全忘记了自己的党员身份”。

还有一些党员干部随着职务的提升，不仅只记得自己是干部，不记得自己是党员，而且只关心做什么官、是什么级别，不关心言行举止是否遵规守纪。他们只想要权力，不想担责任，行使起权力来当仁不让，一轮到管党治党就不敢担当、不愿担当。如果一名党员干部“只想当干部、不想做党员”，那么他在党纪党规的约束上就会寻求特殊化，想“高人一等”；而在做合格党员上就会降低标准，想“矮人一截”。现实中，那些违规违纪的党员干部之所以沦为“阶下囚”，其中一个重要原因就是“只想当干部、不想做党员”。这种想法如同只想踩油门，不想有刹车，其后果可想而知。

更严重的是，还有一些党员领导干部认为自己职务高、身份特殊，只想要级别待遇上的不同，不想要同志之间的一视同仁、一律平等。他们喜欢当家长式的人物，把上下级关系搞成旧社会那种君臣关系，对下级颐指气使，希望下级对自己唯命是从，认为对自己百依百顺的就是好干部，而对别人、对群众怎么样就可以不闻不问。为了相互利用，他们让听话、顺从自己的干部在工作安排、评优评先、提拔任用时被优先考虑。在这样的环境中，一些党员干部也逐渐不讲纪律、不讲原则，不积极研究工作业务，而是整天琢磨着找靠山、表忠心、走捷径。这严重破坏了党内政治生活，污染了一方政治生态。

探究平等的党员同志关系发生异化的原因，可以发现，根源就在于民主集中制原则遭到破坏。当前，落实《关于新形势下党内政治生活的若干准则》要求，坚持平等的同志关系，重要的是领导干部要严格党内政治生活，以上率下、以身作则，平等对待同志。这也要求全党上下要强化党员身份的认同感。只有始终牢记自己是一名党员，时刻以合格共产党员的标准严格要求自己，真正做一名合格的党员，才能不把自己当成“官”，才能自觉地守纪律、讲规矩。

【延伸阅读】

打碎政治攀附“黄粱梦”

“陈树隆身为党的高级领导干部，政治上攀附、经济上贪婪、道德上败坏。”在 2017 年 5 月 2 日中央纪委对外通报安徽省原副省长陈树隆的案件之后，“政治攀附”一词又相继出现在了中央纪委通报的其他多起官员违纪违法案例当中。

所谓“政治攀附”，其主要特征就是以某人为中心形成一个政治利益同盟，同盟中人一荣俱荣，一损俱损，实质就是将自己的前途寄托在他人身上，希望通过他人的升迁来带动自己。在现实中，官员搞政治攀附，或是为自己寻找“护身符”，认为“朝中有人好做官”，或是利用手中的资源达到一荣俱荣的目的，其封建余毒极其严重。但事实却一次次证明，搞政治攀附是条不折不扣的不归路。

“攀附”越高摔得越惨

2017 年 7 月 20 日，中央纪委对外通报显示，中国证券监督管理委员会原党委委员、副主席姚刚严重违反政治纪律和政治规矩，为搞政治攀附，利用职权为他人及企业提供帮助，对抗组织审查……决定给予姚刚开除党籍、开除公职处分。

党建理论专家黄苇町表示，中央纪委在通报中提到的政治攀附，就是指姚刚在证监会期间通过利益输送的形式找“后台”，企图在政治上依附一个比他更有权势的“靠山”。

现实中，还有部分像陈树隆、姚刚这样热衷搞政治攀附的官员。这些官员挖空心思巴结领导，拉帮结派，寻靠山找后台，妄图结成利益共同体，谋求快速升迁。

与陈树隆、姚刚不同，陕西省人大常委会原副主任、党组副书记魏民洲在搞政治攀附时，更多是充当“被攀附”的对象。陕西省西安旅游集团公司原党委书记、董事长李大有回忆为了“攀附”魏民洲，他掏空了心思。为了酷爱面食的魏民洲出差在外能随时吃上一碗面，他安排大厨随行，带着工具和上好食材，以备魏民洲随时想吃就吃。很显然，他费尽心机，大搞攀附讨巧，瞄准的还是魏手中的权力。一名厨师、一碗面，看似简单的一件事，却让李大有实现了“捞取政治资本、为自己积累政治资源”等目的。

上有所好，下必甚焉。“政治攀附之所以存在，归根到底在于总有一些更高层级的人喜欢‘被攀附’”。媒体人赵畅一针见血地指出，徐才厚喜好“被攀附”，谷俊山就源源不断地“进贡”，最终成为政治上的“紧密联盟”。但历史和现实一再证实，不管圈子有多大，“攀附”后台有多硬，不走正道最后还不是落了个“凄凉凉、悲惨惨”的下场。

党性“缺位”信念迷失

在一些党员干部中，仍存在不靠组织靠个人，不谢党恩谢私恩的错误思想。把成长进步寄托在攀附钻营上，认为“有德才不如有后台”“送钱比干事管用”，整天琢磨人不琢磨事，热衷拉关系、找门路，搭“天线”、抱大腿；有的沉湎于自我设计，盯着位置干工作，“两年不提拔、心里有想法”“三年不挪动、就要去活动”。

“陈树隆等人严重违反政治纪律和政治规矩，毫无政治信仰，世界观、人生观、价值观严重扭曲，既想当大官、又想发大财。”中央纪委通报指出，“其长期利用职权和职务影响进行经商营利活动，大肆攫取巨额经济利益，将商品交换原则带入党内政治生活，政治问题和经济问题交织，严重破坏政治生态。”

从目前通报的涉及政治攀附违纪违规案例来看，搞“政治攀附”的党员干部不乏其人。“政治攀附甚至已经成为某些党员领导干部违纪违规的‘突破口’和‘导火索’，党性意识已然被他们抛之脑后。”江西省石城县纪委副书记兰云峰如是感叹。

“有的党员干部一心幻想巴结领导、找后台，奢望摇身一变成为‘人生赢家’，前途一片光明。”福建省泉州市洛江区纪委监委干部庄培榕认为，投机者为了进入某些领导干部的“门槛”，就得做足“功课”，交够“学费”，用金钱和贵重物品作“敲门砖”，有“表示”彼此才有“意思”，有“意思”双方才能同获利。

正是奉行这一“潜规则”，攀附者与被攀附者之间其实仅仅隔着一层薄薄的“窗户纸”，极易结成利益共同体，构筑贪腐的生态链，进而严重污染政治生态。

合力出击梦碎“黄粱”

习近平总书记强调，不能把党组织等同于领导干部个人，对党尽忠不是对领导干部个人尽忠，党内不能搞人身依附关系。干部都是党的干部，不是哪个人的家臣。有的案件一查处就是一串人，拔出萝卜带出泥，一个重要原因就是形成了事实上的人身依附关系。

“阻断攀附现象蔓延，必须要铲除其滋生的土壤，让陈树隆之流的攀附无利可得，这就需要我们在制度上下功夫：特别是在选人用人制度上，不以某个领导个人的好恶为评价标准，综合考虑干部的品格、本领、业绩，让老实做事的人不吃亏。”安徽省蚌埠市政协干部万家阳说。

《中国共产党章程》《中国共产党廉洁自律准则》和《中国共产党纪律处分条例》等均对领导干部的选拔标准作出具体要求。不管是谁，不论级别岗位，所有党员干部必须自觉遵守党的纪律和党的规矩。各级党组织要坚持正确的用人导向，严格按照“说老实话、办老实事、做老实人”“党内不准搞拉拉扯扯、吹吹拍拍、阿谀奉迎”的要求，坚持德才兼备、以德为先，深入了解、掌握推荐人选的政治品质、道德品行和贯彻执行党的路线方针政策能力等方面的情况，真正把政治意识强、有大局观、作风过硬、敢于担当的党员干部选拔进领导班子。

正身率下，以肃庶僚。在贯彻落实方面，政治表率的作用效果更为明显，上级党组织和党员领导干部必须率先垂范，做好榜样。湖南省廉政协同创新中心主任邓联繁认为，“只有言行一致、知行合一，不断压缩搞政治攀附的空间，政治攀附的市场才会渐渐消弭。”

“官员与其攀附巴结领导，不如在干实事、创实业上多下功夫。”河北省宽城满族自治县县委组织部干部范景爽认为，把重心放在人民群众身上，一心一意多为百姓干实事、出实绩，才是一片坦途光明。

攀龙附凤，这种附属于封建思维中的糟粕已然不合时宜，必须尽数抛弃。作为党和人民的干部，必须始终坚定一个信念：党员只有一个上级，那就是组织；干部只有一个靠山，那就是人民。打破政治攀附“一枕黄粱梦”，仍存“攀龙附凤”之心者该醒醒了！

（摘编自《中国纪检监察报》2018 年 5 月 25 日，作者：李进前、李靳）

后 记

底线是事物质变的分界线和警戒线，不可踩，更不可越。底线是做人立身之本，做事思想根基，处事根本标准。守住底线是做人做事做官的基本要求。党的十八大以来，习近平总书记多次对党员干部就如何做一个守纪律、讲规矩的明白人作出重要论述。为帮助广大党员干部深刻领会和把握习近平总书记的重要论述，我们组织编写了本书，解读习近平总书记对党员干部提出的16条铁律。对党员干部来说，这既是“紧箍咒”，更是“护身符”。我们希望以此为契机，进一步深化对习近平新时代中国特色社会主义思想的学习贯彻落实。

本书以经典的案例、生动的细节、朴实的语言展开多维度的论述，说明了要打造一支纪律严明、干净务实的党员干部队伍，遵守铁的纪律是党员干部的政治基因。作为一部廉政教育读本，本书可读性和知识性强、富有哲理，不少案例评析更是深刻透彻，给人以启示和警醒。

本书前言、第一章、第二章、第三章、第四章、第五章、第十六章由国防大学政治学院苏玉撰写，第六章、第七章、第八章、第九章、第十章由国防大学政治学院宋艳丽撰写，第十一章、第十二章、第十三章、第十四章、第十五章由国防大学政治学院刘鹏撰写。苏玉同志负责统稿。

本书的编写得到了洪保秀教授的大力支持，深表感谢！

由于时间仓促，加之水平有限，本书难免有疏漏和不足之处，恳请广大读者批评指正。

编　者